„Warum hat die ganze Welt Angst vor mir? Ich bin kein Terrorist, ich mache keine Bomben und töte damit andere Menschen. Ich bin ein gewaltloser Mensch. In Deutschland ist es tatsächlich passiert. Man hat mir nicht erlaubt, Deutschland zu betreten, man hat sogar eine Resolution erlassen, dass ich ein gemeingefährlicher Mann bin und daran gehindert werden muss, Deutschland zu betreten und im gleichen Augenblick haben sie den gesamten terroristischen Gruppen Europas die Erlaubnis gegeben, in Deutschland eine internationale Konferenz abzuhalten.

Ich war einfach verblüfft. Alle Terroristengruppen, die Menschen umgebracht haben, Flugzeuge entführt, Botschaften bombardiert und Menschen gekidnappt haben, dürfen ihre internationale Konferenz abhalten. Ich darf nicht einmal als Tourist für vier Wochen das Land Deutschland betreten. Schaut man in die Psychologie dieses Phänomens hinein, dann ist es sehr simpel. Es kann geduldet werden, dass all diese Terroristen ihre Konferenz in Deutschland abhalten, sie denken genau wie die anderen, sie teilen die gleiche Weltanschauung, sie verfolgen alle die gleiche Politik. Sie sind ein Teil dieser korrupten Gesellschaft. Aber mir kann man keinen Zutritt gewähren. Sie sind gegen mich, weil sie sich einbilden, dass ich die Menschen korrumpieren würde.“

OSHO

Eure Welt hat die Kälber von ihren Müttern getrennt, ihr Klagen und Weinen wird eure Welt zerstören. Es hat angefangen, der Untergang unumgänglich. Die Ursache ist am Wirken, wir sehen nun vor unseren Augen, wie diese Zivilisation ihren Untergang findet. Doch alles passiert aus Göttlichkeit. Die Kälber weinten, ihre Mütter schrien und wurden Traurig. Nun darf der Mensch das Leid spüren, was er den Tieren angetan hat. Sie waren hier um dem Menschen die Liebe zu bringen. Doch um des Geldes Willen hat man diese erhabene Liebe getötet. Die Liebe ist nun fort. Der Durchschnittmensch sieht nur das Heute, doch die Schöpfergeister können gen Himmel schauen, sie sehen zum Horizont und können den Werdegang der Menschheit sehen.

Es gibt die Welt der bedingungslosen Liebe. Sie ist wunderschön. In den Augen der Tiere könnt ihr diese Welt sehen und fühlen, bei den Bäumen und Flüssen aber es gibt auch EURE Welt. Sie wird von Seelenlosen regiert und verwaltet. Ihr seid deren Untertanen. Ihr habt euch für die Seelenlosen als Menschheit entschieden. Ihr hattet die Wahl zwischen den liebenden Seelen und den Seelenlosen. Den dunklen, niederen Kräften. Es war eure Wahl, basierend auf dem freien Willen. Die Welt da draußen ist euer Werk, sie ist voller Wettbewerb, Konkurrenz und Habgier. Ich habe viele Tränen um euch geweint, doch ihr habt das Böse angebetet. Die Politiker, die Staaten, die Geistlichen. Ihr werdet eure Welt bekommen, es ist das Gesetz von Ursache und Wirkung. Es ist nichts mehr zu machen für euch. Eure Welt versteht nichts von wahrer Schönheit, so ist sie dem Untergang geweiht. Ihr habt die Indianer umgebracht, die weibliche Zartheit gekreuzigt und die Tiere leiden lassen und diesen Dichter denunziert der Euch Licht brachte. Nun ist die Zeit der Abrechnung. Mutter Erde ist wütend und traurig. Sie wird sich rächen an euch. So ist's der Welten Lauf. Das Geld und eure Besitztümer werden euch allen Genommen werden.

Inhalt

© 2022, Burak Tuncel
Herstellung und Verlag: BoD – Books on Demand, Norderstedt
ISBN: 9783756208012

Der Schriftsteller Burak Tuncel ist Sozialpsychologe und Wissenschaftler der Seele. Er ist Philosoph, Dichter, Poet und Kolumnist in einer Online Zeitung, studierte Journalismus und ist nebenbei Darsteller am Theater. Seine Werke sind als Melodram geschrieben, begleitet von sentimentaler Musik schreibt der Autor seine dichterisch-philosophischen Romane. Er wünscht sich auch für sie, den Leser, eine derartige musikalische Begleitung beim Lesen. Der Dichter fordert die Menschen heraus mit seinen Büchern. Er fordert sie heraus, da er ihnen altbekannte Dichter, Philosophen zitiert und darbietet, die alle von der Einheit der Existenz und Liebe sprechen. Nur die Menschen sehen und hören es nicht. Sie leben einfach weiter, strebend nach den weltlichen Dingen. Kritisch betrachtet er diesen Lebenswandel, mit Blutstränen in den Augen um die Menschen, sich wundernd. Manchmal hat es den Anschein, als könne er nicht verstehen, dass die Menschen so leben, strebend nach Macht und Geld allein, anstatt sich dem Herzen zu widmen und sich zu fragen, mit welcher Lebensaufgabe wir geboren wurden.

Jedes seiner Kapitel beginnt mit einem Zitat großer Denker und Dichter, um dem Leser die Sprache der Dichtkunst wieder näher zu bringen, die heutzutage ausgestorben zu sein scheint. Die Sprache der Dichter und Poeten ist die Sprache des Herzens. Nur wer sie verstehen kann und in sein Inneres lässt, kann zum Tempel der Liebe gelangen. Nur dann kann der neue Mensch geboren werden, voller Vertrauen in die Mutter Natur und sich seines Herzens und der weichen, femininen Kräfte des Menschen bewusst.

Kontakt zum Autor: buraktuncel@hotmail.de

BIST DU EIN SEELENLOSER?

ODER EIN GÖTTLICHES WESEN?

Die Menge ist groß, aber der Menschen sind wenige

-Dichterischer Roman-

Dies hier ist des Dichters Werk.

Dass, du gerade dieses Buch in den Händen hältst und liest ist kein Zufall. Es gibt keine Zufälle im Leben. Meine Werke werden von sehr wenigen Menschen gelesen, und ich rede nicht um den großen Brei herum.

Das Herz darf sprechen in meinen Büchern. Jene, die Beseelt sind und noch ein Herz haben werden meine Bücher eines Tages finden, zur rechten Zeit. Denn die göttliche Ordnung hat für alles einen bestimmten Zeitpunkt festgelegt. Nur die beseelten Menschen in Engelskleidung werden zu diesen Werken finden, jene die in diese Welt nie hineingepasst haben, jene die spüren, dass mit dieser Welt etwas nicht stimmt, jene die fühlen, dass dies nicht die Welt der schönen Menschen ist.

Diese Welt wird von der Dunkelheit regiert und ist die Hölle selbst. Menschen, die etwas anderes behaupten lügen. Ich kenne dich sehr gut mein liebster Leser, ich weiß um deine Traurigkeit, deine Sorgen, deine schönen Augen, deine Tränen um diese Welt. Du bist ein Engel meine verehrte Leserin. Du gehörst zu den Auserwählten, die den Pfad der Liebe gehen.

Ich verneige mich vor dir, und ehre deine wunderschöne Seele.

In dieser Welt sind wir schönen Seelen in der großen Minderheit. Wir kamen hier auf diesen Planeten um das Licht der Schönheit zu bringen und den Menschen zu helfen, damit sie ihre Seele wieder finden. Den Unbeseelten, der Dunkelheit können wir nicht helfen. Sie dienen dem Dunklen, dem Bösen auf der Welt. Ihre Aufgabe ist es so viele Seelen wie möglich einzufangen. Die Seelenlosen haben die Macht und sitzen an allen Schlüsselpositionen der Welt. Das Dunkle ernährt sich von Leid und Hass. Sie hassen alles Lebendige, die Tiere, Pflanzen, die Kinder und die Armen. Ich kann dich sehen meine Liebste, deine reinen Augen und dass du diese Welt nicht mehr ertragen kannst. Ich kenne euch beim Namen. Es ist die Liebe in unseren Herzen zu den Tieren, die uns mittels dieser Bücher zueinander brachte.

Ja, diese Werke, jene die ich schrieb, sind wie meine Kinder. Niemand vermochte meine Bücher zu verlegen, da sie die hohe Frequenz meiner Seele nicht hören können. Die meisten Menschen leben auf der niedrigsten Bewusstseinsebene. Liebend gerne hätte ich euch eine andere Welt darstellen wollen, doch leider ist dem nicht so.

Ich hinterlasse den beseelten Wesen dieses Werk, denn all die Prophezeiungen und Beobachtungen die ich mache treffen immer mehr zu. Eines der Probleme der heutigen Zeit ist, dass Menschen denken, sie wüssten etwas. Sie wissen gar nichts, glauben sie mir. Früher hat man nur den Weisen zugehört, nur sie haben geredet. Heute reden die Unwissenden und sie sind sehr laut. Ihr könnt sie alle in den Medien, im Fernsehen und in den Zeitungen sehen. Von ewiger Dauer werden diese Zeilen sein, so glaubt mir. Ich kann euch eines ganz deutlich sagen. In dieser Welt ist alles fest strukturiert. Nichts geschieht per Zufall. Die beseelten Menschen, also wie ich sie in meiner Dichterlyrik beschreibe, die Liebenden werden niemals in hohen Positionen in der Gesellschaft sein. Die Dunkelheit hasst nichts mehr als das Licht. Und sie wissen, wer Arm an Liebe ist. All die Prominenten, die ihr seht, im Rampenlicht, sei es in der Wirtschaft, im Sport oder in der Politik werden von ihnen ausgesucht. Sie brauchen Schwache und unbeseelte Körper, die sie dem Volk dann als Helden präsentieren. Ich kam in diese Welt um die schönen Menschen wieder zum Licht zu bringen, jene die sich im Labyrinth der Matrix verlaufen hatten. Dies vermittle ich mit der Dichtung, mit den Gedichten in meinen Büchern.

Die Dichtung ist die Sprache des Herzen und vergesst niemals, nur der Dichter kann eine schöne Welt hervorbringen. Nur der Dichter!!

Viele von euch mögen zum jetzigen Zeitpunkt noch nicht wissen, welch ein schöner Dichter oder eine bezaubernde Dichterin in dir, in euch steckt.

Ja, meine liebe Leser. Alles in dieser Welt wird im Geiste entschieden. Es ist der Kampf zwischen den Geistern, und nicht zwischen den Körpern, dies bildet nur das Vehikel. Es ist der Kampf zwischen den Beseelten, den Liebenden und den Seelenlosen Wesen.

Ihr sollt meinen Worten keine Zustimmung oder Ablehnung geben. Hört einfach in euch hinein und ihr werdet die Wahrheit finden. Die großen Konzerne vergiften die Umwelt und die Schulen und Universitäten arbeiten mit ihnen zusammen. Es geht um eure unschuldige Seele. Sie haben es auf eure Schönheit abgesehen. Durch Leid und Krieg möchten sie, dass ihr abstumpft, zu Roboter werdet. Also genau wie sie selbst.

Ihr Diebstahl ist an unseren Seelen. Die Schönheit wird stets von allen Seiten bekämpft, nicht das Schlechte. Merkt euch diesen Leitsatz zu allen Zeiten der Welt.

Sie sind neidisch um eure schönen Seelen, weil sie dies nicht haben. Deswegen diskriminieren sie die Liebenden ob in frühen Kindertagen oder im Erwachsenenalter. Am Leide anderer freuen sich die Sadisten. Die niedere Energie hat es auf die Liebe bei den Liebenden abgesehen. Es ist ihre tägliche Nahrung.

Wisst ihr weshalb die Massen stets ihre Unterdrücker unterstützen? Weil sie sich gegenseitig mit der dunklen Energie unterstützen.

Ja, mein kleiner Engel, sie werden dich nicht mögen auch wenn du stets milde zu ihnen bist. Denn wie gesagt, alles auf dieser Welt hat mit der Seelenfrequenz zu tun. Dein Licht ist ihnen ein Dorn im Auge. Ihre Dunkelheit wird dein Licht angreifen. Du sollst vorbereitet sein, deswegen meine Mühen in diesen Werken. Sie möchten dich auf dieselbe niedere Stufe bringen.

Doch du hast nun einen Schutzengel verkleidet in meinen Büchern. Meine Schönen Leser, es wird Tage geben, da werdet ihr vor Einsamkeit und Schmerz schreien und vieles hinterfragen, doch in diesen Momenten werdet ihr der Schönheit, ihr werdet Gott begegnen. Ihr müsst nur genau hinsehen, in euer Herz. Die lieblosen Wesen können dies nicht, da sie kein Herz haben. Ihnen fehlt diese Gabe. Deshalb der Hass auf euch auserwählte Seelen.

Sie sind von Neid und Missgunst zerfressen. Ihr dürft nicht wie Narren in die Welt hinaus gehen.

Ihr müsst wissen, dass ihr Lichtwesen seid und nur ganz Wenige seid.

Ja, wenn ihr vor Kummer wieder voller Tränen in den Augen seid, weil diese Welt so ungerecht ist, dann versucht in die Augen eines Tieres zu sehen und ihr werdet wieder in der Liebe, in eurer Mitte sein. Denn in den Augen der Tiere werdet ihr ein schönes Mysterium sehen, welches man hier mit Worten nicht ausdrücken kann. Wir Liebenden werden uns wehren, doch wir können nicht hassen. Dies ist nur der Dunkelheit bestimmt.

Die Liebenden würden niemals andere angreifen, wir wehren uns nur gegen die Angriffe der Unbeseelten. Vergesst niemals. Wer wurde vom Volk auserwählt zur Kreuzigung? Es war Jesus und nicht Barrabas. Das Volk stand zum Schlechten. So ist es zu allen Zeiten der Welt gewesen.

Dies ist ein Naturgesetz. Wer nicht Teilen kann wird viel Elend erleben. Gott schickte uns in dieses Leben um zu sehen wer die schönsten Werke erschaffen kann. Gott liebt die Kunst. Er hat uns zu Künstlern gemacht und möchte sehen, wer am meisten teilen kann von seinem Leben und seinem Besitz.

Geiz und Horten führt zu Elend auf der Welt. Die Dunkelheit möchte immer mehr Geizhälse und Kapitalisten im Geiste fördern. Sie fördern die unbeseelten Menschen und nur jene kommen in hohe Positionen.

Sie sagen, dass Tiere zu schlachten, etwas ganz normales sei. Sie fördern den Tod und das Leid. Sie hassen das Lebendige aller Formen.

Die Meisten in dieser Gesellschaft gehen auf die Schwächeren los, meistens verbal und mit ihrer Körpersprache. Es ist ihr böser Geist, der dies macht. Ich hatte ja vorhin bereits erwähnt, alles steht und fällt im Geiste.

Ignorant und Unbewusst ist die Mehrheit der Bevölkerung. Sie sind der Grund für all das Leid der Welt. Das Leid und die Kriege sind nur ein Spiegelbild ihrer inneren Welten. Wie soll diese Menschheit nur zur Liebe finden? Ja, ich leide jeden Tag um Euch in meiner armen Stube.

Es ist schwer auszuhalten unter den Menschen, so meide ich sie oft. In der Einsamkeit findet meine Seele Trost. Ich bin die Reinkarnation von Friedrich Nietzsche. Sein Geist kam in meinem Körper erneut in diese Welt.

Einsamkeit ist der selige Hafen, wo wir Liebenden Anker legen. Dort fühlen wir uns wohl, dort entstehen die schönsten Lieder.

Die Masse hat keinen Zutritt zu dieser stillen Stätte der Seligkeit.

Ja, sie programmieren die Menschen dazu, das Licht anzugreifen, also euch Engel. Es ist ein Wunder, dass wir lichtvollen Wesen noch am Leben sind, doch wir werden am Leben gehalten um die schönsten Gedichte zu schreiben und Licht zu spenden. Das Schöne möchte man auf dieser Welt nicht haben, aus der Sicht der Masse. Ja, in der Melancholie wohnt eine selige Schönheit, eine wundervolle Musik. Die Unbeseelten wollen die Liebenden in verschiedene Fallen locken, damit sie dann durchdrehen und auf die Unbeseelten losgehen. So hütet euch meine Schönen und versucht ruhig zu bleiben. Ihr dürft nicht in diese Fallen tappen.

Ich hinterlasse euch diese Bücher. Sie werden Honig für eure Wunden sein. Mal offenbarte ich die geheimnisvolle Schönheit in bezaubernder Poesie, in Dichtersprache, in Gedichten. Ein anderes Mal aus der Psychoanalytischen Ebene mit all seinen soziologischen Untersuchungen. In den Künsten der Philosophie verkündete ich auch Vieles. Wiederum ein anderes Mal offenbarte ich euch aus der Sicht der Seele, aus der geistigen Welt brachte ich euch die Botschaften.

All dies diente dazu, damit der Mensch wieder zur Liebe findet.

Alles war fest strukturiert in meinen Werken und wurde Offenbart zu seiner rechten Zeit. Da eure Ohren nicht geschult sind für diese Lieder in der Sprache der Mystik, kann es die Masse nicht erhören. Die Mehrheit der Menschen hat sich der Dunkelheit gewidmet und geopfert. Für sie sind meine Melodien nicht hörbar und stellen eine große Gefahr dar. Deshalb werden auch meine Leser nur die beseelten Wesen sein.

Sie werden zu mir geführt und ich werde ein Teil eures Lebens sein meine Schönen. Und vergesst nicht, wir kennen uns, obwohl wir uns vermutlich nie getroffen haben mit unseren Körpern in dieser Reinkarnation.

Unsere Seelen kennen sich noch aus früheren Zeiten und Welten.

Wir stammen vom selben Planeten ab. Meine Worte werden bald enden, doch ihr werdet die Fackel der Schönheit stets weiter tragen.

In euren schönen Augen hätte ich mich gerne verloren, sie sind so Schön. Doch, das Schicksal wird das Kreuz sein. Die Masse wird es mir nicht verzeihen.

Doch die göttliche Fügung lässt geschehen, doch gewiss, alles aus Liebe. Und an alle Unbeseelten, ihr werdet nicht davon kommen mit all den Missetaten die ihr den Liebenden angetan habt. Ihr werdet noch viele Male auf die Erde kommen müssen, bist ihr es verstanden habt.

Es wird noch ein langer Weg für die Schafsherde werden. Doch auch die Unbeseelten machen ihre Arbeit. Sie dienen der Dunkelheit. Sie treiben ihr Werk auch aus Liebe. Die Liebe zur Nekrophilie, zum Tod wie es der Dichter Erich Fromm schrieb. Meine Mühe war es, dass die Menschen zur Liebe finden. Doch, wie kann man zu Robotern sprechen? Es ist sinnlos mit Maschinen zu reden. Sie haben kein Herz und keine Seele.

Merke dir eines, mein lieber Leser. Wir sind die Diener des Lichts. Wir sind Lichtwesen. Engel, die eine Aufgabe haben. So viel wie möglich Menschen ins Licht zu bringen. So hebet euer Haupt. Ihr seid wunderschön. Ich weiß, jene ohne Seele möchten euch für schuldig sprechen, doch ihr seid Wunderschön.

Ich kann eure Schönheit sehen, da ich ein Seher bin. Deswegen müsst ihr sehr vorsichtig sein, da draußen in der Welt, *in ihrer Welt.*

Die Welt wird von den dunklen Kräften regiert. Und ihr schönen Seelen seid es, welche sie unten sehen wollen. Ja, sie werden auf den einen Fehler von euch warten, sie haben Zeit. Deshalb müssen wir vorsichtiger sein wie alle Anderen. Wie anfangs erwähnt, sie möchten stehlen unsere Seelen. In vielen Menschen stecken nur leere Hüllen. Da ist nichts mehr Drinnen. Sie haben kein Problem damit die feinfühligen Menschen zerstören zu wollen. Ja, sie sehen aus wie Menschen, doch sind sie keine, diese Seelenlosen. Es ist die Programmierung der Roboter. Sie führen nur ihre Programmierungen aus.

Meine Schöne, so merke dir eines. Wir müssen sehr diszipliniert sein und dürfen uns nichts negatives Erlauben, denn die Dunkelheit wartet darauf. Ja, an den Händen der Masse klebt Blut, das Blut der unschuldigen Tiere und Seelen. Wenn bei uns im Leben etwas schief läuft, sind sie sofort da um uns zu Kreuzigen. So ist nun mal unser Weg, der Pfad der Liebenden. Sie werden euch viele Fallen stellen meine Schönen. Dies werden sie alles getarnt unter Freundlichkeit tun, doch du musst sie durchschauen. Ihr Ziel ist es, dass ihr euer schönes Licht verliert. Damit wir genauso Nieder wie sie werden.

Wir sind Auserwählte und haben die höchsten Liebesenergien in uns. *Verstehst du jetzt den Hass der Normalen auf uns, des Durchschnittsmenschen?* Ja, schon oft sind wir in diese Fallen getappt, doch nun solle es vorbei sein. Der naive Schlaf muss zu Ende sein. Wir sind die schönsten Götter auf Erden. Da sie nichts Göttliches an sich haben, möchten sie unsere Göttlichkeit auslöschen. Verstehst du? Ich helfe euch zu erkennen, wieso die Welt so funktioniert, wie sie halt ist. Deine Rolle ist sehr groß, noch kennst du deine wahre Stärke nicht, doch bald wirst du sie erkennen. Lies einfach nur weiter und meine vorherigen Bücher. Sie sind eine Anleitung um in dieser Welt geistig klar zu bleiben. Es ist ihre Welt. Die meisten Eltern bekommen Kinder in der Welt um sie den dunklen Mächten zu opfern. Deswegen wird so wenigen Kindern eine gewisse Menschlichkeit und Ehrfrucht vor dem Leben gelehrt. Doch die wahren Helden sind die Liebenden Menschen und nicht jene die das Ego zu Gott machten.

Ja, die dunklen Wesen sitzen an allen Führungspositionen in der Gesellschaft und wenn ich alle meine, dann sind es auch alle.

Prüfe es, schau in dein Herz hinein wenn du in die Welt hinaus läufst. Da meine Leser liebende, fühlende Menschen sind, werden sie die Kälte bei diesen Wesen schnell spüren. Und dies alles wird vom Vatikan gelenkt und geleitet. All die organisierten Religionen dienen dem Vatikan. Sie sind von den dunklen Mächten produziert worden. All die organisierten Religionen sind Feinde der Propheten. Die Menschen beten in den Gotteshäusern falsche Götter an. All die organisierten Religionen dienen dazu die Menschen zu versklaven. Die Propheten waren alle wundervolle Seelen und Engel. Die prophetische Botschaft lässt mich diese Bücher und Zeilen schreiben. Doch heute haben diese organisierten Religionen ihre Gotteshäuser verändert. Die Industrie und Wirtschaft mit seinen Banken und Finanzsystemen dienen den organisierten Religionen. Die Medien, die Finanzen, die Politik und die gesamte Sportwelt ist in den Händen der dunklen Mächte. Jetzt weißt du auch mein verehrter Leser, warum du kein professioneller Sportler geworden bist, obwohl du sehr talentiert bist und vermutlich viel bessere Leistungen bringst als jene die du im Fernsehen beim Sport siehst. Es ist deine Seele, die entscheidet.

Deine Seele ist zu schön, die dunklen Mächte wissen dies ganz genau. Deshalb werden auch nur jene ausgewählt, die keine Seele haben. Schau dir die Sportler im Fernsehen genau an. Schau in ihre Auren und in ihre Augen. Ihr werdet sehen, dass sie keinen Anmut und Glanz haben. Sie haben keine Göttlichkeit in sich. Wenn ihr sehende Augen habt, werdet ihr dies alles sehen können. Doch all die Sportler sind Sklaven des Establishments. Sie sind in der unterersten Reihe der Hierarchie. Viele von ihnen haben große Minderwertigkeitsprobleme. Ja, dies ist nicht unsere Welt. Diese Erkenntnisse werden dich

13

schockieren, doch sie werden dich wachrütteln meine wundervollen Leser. Ja, die meisten Menschen halten zu den Bösen.

Es bildet das Gesetz der Resonanz. Doch es sind nicht die bösen Wesen die das Schlimme der Welt antun. Es sind die Zuschauer, die Mitläufer, das Volk, die Masse, die Herde, der kleine Mann wie es der unsterbliche Wilhelm Reich beschrieb.

Sie ermöglichen den Herrschern ihren Erfolg. Weil die Masse nur für ihren kurzfristigen Erfolg lebt, für ihren nächsten Urlaub und das Abendbier vor dem Fernseher, für sein Steak etc.

Das Volk kreuzigte Jesus und nicht die Herrschenden. Die Herrschenden und Geistlichen führten nur den Willen des Volkes aus.

Denn, Menschen folgen Befehlen und Autoritäten und ihre Ausrede ist immer. „Ich muss ja Geld verdienen oder meine Kinder ernähren." Das schlimmste Zitat der Welt. Sie vergehen bittere Straftaten immer getarnt hinter solchen Zitaten. Sie sind Roboter ohne Herzensqualität. Sie lieben das Sadistisch und Masochistische. Wie der Fahrradfahrer, nach oben Duckend und nach unten Tretend.

Die meisten Menschen verdienen es nicht auf diesem wunderschönen Planeten zu leben. Diese Welt könnte ein Paradies sein, doch das Volk macht es zu einer Hölle für die feinfühlenden Seelen.

Die Seelenlosen schieben die Schuld immer auf die da Oben, doch sind sie es, die Krieg, Elend und Wettbewerb verursachen und somit die Welt voller Gewalt überflutet wird.

Munter konsumiert das Volk alles weiter was es in die Hände bekommt und am meisten verachten sie die schönen Menschen, die ihren Winterschlaf stören. Der Durchschnittmensch ist sehr leicht zu berechnen. Die Tiere sind die Freunde der Menschen, so ist es von Gott gewollt, doch die Menschen haben sich gegen die Tiere verschworen, also gegen Gott. „Ja es ist nun mal so." So könnt ihr die Masse reden hören. Dies ist einer ihrer Lieblingssätze meine Schönen. Hochzivilisiert nennen sie ihre Welt und sind stolz auf ihre Tugenden. Doch diese Welt ist eine Hölle für die Fühlenden, die Armen im Geiste.

Die Schönen sind Leise und Unauffällig, genau wie du mein verehrter Leser. Die Dunklen sind laut und schrill. Die schönen müssen keine anderen Menschen schlecht machen, doch die Dunklen sind stets im Angriff auf die Schönheiten der Welt. Die Masse der Menschen kann nicht zur Liebe finden, da ihr Bewusstsein noch zu niedrig ist, ganz unten im Tal.

Ihr Engel habt ein schweres Leben auf Erden, dies weiß ich. Für die bösen Menschen ist diese Welt ein Paradies. Glaubt mir! Wenn ihr euch näher Umschaut werdet ihr dies sehen. Nur die Seelenlosen kommen sehr gut Zurecht in dieser Welt und sie haben immer die Gesetze auf ihrer Seite, denn sie haben diese Gesetze selbst errichtet, die gegen die Liebe und das Leben sind. Dieses Leben ist eine geistige Evolution, doch die Meisten sind noch ganz unten in dieser Tabelle. Ihre Welt macht alles um die geistige Evolution zu verhindern, damit die Menschen nicht zur Liebe finden. Den Kindern wird ihre Unschuld geklaut und sie verlieren all ihre Schönheiten. Jene, die sich ihre Kindheit Zurück holen möchten, jene die man ihnen geklaut hat, ja, die finden zu mir, zu meinen Büchern. Du bist auch einer der wenigen Auserwählten, mein Liebling. Ihre Erziehungssysteme dienen dazu uns das Kindliche auszutreiben. Ihr glaubt mir nicht? Weshalb wolltet ihr nie gerne in die Schule gehen? Eure Seele rebellierte, stimmt´s?

Es spürte, dass uns in den Schulen unser Herz beraubt wurde. Die Herrschenden möchten unser Herz auslöschen, damit wir wie sie werden. Herzlos und Brutal in unserem Verhalten. Nur so können gute Sklaven funktionieren. Sie kontrollieren die Medien und vergiften unsere Gehirne mit ihren Themen. Es sind ihre Themen, nicht Unsere. Wir widmen uns den Gedichten des Herzens.

Jene, ohne Liebe sind getrennt von der Göttlichkeit, sie sind Seelenlos. Sie haben kein Herz. Früher gab es die Gladiatorenkämpfe, heute ersetzen dies die Fußballspiele und andere Sportarten.

Die Seelenlosen lassen uns glauben, dass der Mensch ein Fleischfresser sei. Sie lügen wie gedruckt. All das Leid der Tiere gefällt den Seelenlosen, vom Leid holen sie sich ihre tägliche Nahrung. Deshalb lieben es die meisten Menschen, wenn es irgendwo Kämpfe oder Kriege gibt, oder wenn Menschen, Tiere oder Pflanzen leiden. Sie lassen die Tiere sehr leiden, doch was sie nicht wissen. Dieses Leid wird eines Tages zu ihnen zurück finden. Vielen Menschen gefällt es wenn sie andere leiden sehen, deshalb gibt es so viel Denunziation am Arbeitsplatz, in der Schule und im Sportverein. Ihre Seele ist von Natur aus Dunkel, ohne Licht. Sie widmen sich der Nekrophilie.

15

Sie sind wie Roboter. Wenn du auf die Straße gehst, wirst du sehen, was ich meine. Die Seelenlosen Menschen fühlen und denken nicht. Sie haben diese Gabe nicht.

Sonst könnten sie nicht so viel Leid dieser Welt anrichten. Ihre Entschuldigung ist auch immer stets parat. Sie bräuchten das Geld eben, deshalb benehmen sie sich so Seelenlos. Die Tiere sind hier um uns die Liebe zu lehren, sie sind unsere Freunde. Die Seelenlosen arbeiten stets miteinander zusammen. Auch wenn es den Anschein manchmal erweckt, als wären sie Gegeneinander gerichtet. Nein, ihr müsst versuchen breiter zu denken. Für sie ist das Ziel, der Zweck von Bedeutung. Um gewisse Ziele zu erreichen spielen sie den Menschen alles vor. Sie können von Kostüm zu Kostüm wechseln. Die Seelenlosen wollen, dass wir den Kontakt zu unserem Herzen verlieren, damit die Menschen dann ihnen Gehorsam sind.

Sie konzentrieren sich nur auf ihren eignen Vorteil, die eigene Befriedigung. Sie vergiften unsere Nahrung und machen uns krank. Danach kommen sie mit ihren Medikamenten um uns den Todesstoß zu geben. Leid, Zerstörung und Schmerz gefällt ihnen. An manchen Tagen erdrückt mich all diese Last. Ich weiß mein lieber Leser, dass du auch das Gleiche durchmachst. Die ignoranten Menschen machen einem am Meisten zu schaffen, ich weiß. In den Universitäten lernen sie wie sie das Volk versklaven können.

Sie studieren Medizin um der Pharmaindustrie dienen zu können.

Da sich alles in ihrer Welt um das Verkaufen und Kaufen dreht, vergiften sie unsere Gesundheit um Medikamente verkaufen zu können. Sie benötigen kranke Menschen. Sie hassen lebendige, gesunde Menschen und Tiere. Denn, lebendige Menschen sind voller Liebe. Du wirst dich in vielem was ich hier schreibe wieder erkennen. Du bist nicht allein, hörst du mein Schatz? Ich segne dich und weine deine Tränen. Dir soll es gut gehen mein schöner Leser. Alle, die dem lebendigen Leben Feind sind, dienen der Dunkelheit. Die wahren Despoten und Bösen werden angehimmelt von der Herde und die schönen Menschen werden verfolgt und diskriminiert.

Die Bösen bekommen Friedensnobelpreise.

Die Aufgabe der Liebenden ist es zu erkennen wer Sie sind. Dass, sie schöne Engel sind. Und die Dunkelheit verhilft uns dazu, dies zu erkennen. So hebt euer Haupt. Ihr seid wunderschöne Seelen.

16

Die Engel sind stolz auf euch und lieben euch. Doch ihr sollt nicht beunruhigt sein. Sie können uns Liebenden nicht schaden.

Unser Licht, zu stark und hell für ihre dunkle Welt. Es ist an manchen Tagen traurig, in dieser Welt leben zu müssen, doch es hat einen gewissen Sinn warum ihr Wesen voller Licht hier auf Erden verweilt.

Ja, die Seelenlosen haben all die Macht, aber unsere schönen Tage werden bald kommen. Ganz gewiss. Zurzeit haben es die schönen Menschen sehr schwer hier in dieser Gesellschaft und jene ohne Herz, denen geht es gut. Sie leben in Saus und Braus, doch nicht mehr lange. Doch ihr meine lieben Leser, womöglich habt ihr momentan nicht viel Geld, doch ihr seid gute, liebenswerte Menschen. Ich spüre die anmutige Frequenz in euren Seelen. Aus hohen geistigen Dimensionen kennen wir uns, wir kannten uns bereits vor diesem Leben und mittels dieses Buches sehen wir uns nun wieder hier auf Erden.

Wenn sich Liebende hier treffen, entstehen die schönsten Liebesgeschichten wie bei Shakespeares Romeo und Julia.

Ja, die Prominenten werden von den dunklen Mächten unterstützt, protegiert und hofiert. So lasst euch von ihnen nicht täuschen, hinter ihrer Fassade stecken meistens niedere Wesen.

Ja, du kannst Dichter und Liebende an ihren Augen erkennen, die Beseelten. Man kann darin das Antlitz Gottes sehen, die Wärme, die Güte, das Aufopfern für die Menschen und Tiere. Die Wahrhaftigkeit. Die Sensiblen haben oft ein schweres Leben, doch sind voller reiner Liebe. Sie können nur der Liebe dienen.

Deshalb, sind wir alle nicht Eins. Die Seelenlosen gehören nicht zu uns. Sie dienen mit ihren Gedanken und Handlungen nicht dem Licht, nicht der Liebe. Ja, du hörst richtig. Meine Bücher sind nicht für die Masse gedacht, sie sollen zu den Auserwählten finden. Jene, die in der Nacht weinen müssen wenn sie das Leid der Tiere am eigenen Leib spüren. Jene, die das Leid der hungernden Kinder spüren, und das Leid der Mutter Natur, wie sie vergewaltigt wird vom weißen Mann, der die Indianer umbrachte. Jene, die in den Augen ihrer Haustiere das Schönste aller Schönheit sehen. Für sie schreibe ich diese Bücher und nur sie finden auch zu mir.

Dies werden sehr wenige sein, doch die Richtigen. Die meisten an den Führungspositionen der Gesellschaft sind nur auszuführende Organe. Sie dienen ihren Herren. Ihr könnt euch sie wie Roboter vorstellen.

Das Unlicht dient dem Nekrophilen Charakter. Ja, sie sehen aus wie Menschen, doch in ihrem Inneren kann man nichts Menschliches erkennen. Die Unbeseelten haben kein Bewusstsein, keine Seele.

Sie sind wie Roboter und spulen nur gewisse Programme ab. Sie sind wie Maschinen, deshalb sollen wir auch immer weiter Digitalisiert werden, um wie Maschinen zu werden. Voller Genuss nimmt die Masse jene Art Sklaverei an, ohne zu hinterfragen.

Ja, die Unbeseelten haben auch einen gewissen Auftrag hier. Sie sollen uns unterhalten und ablenken. Viele Schauspieler, Sportler, Fußballer, Wissenschaftler sind ohne Seele. Die Masse betet diese niederen Kreaturen an und verfault dabei.

Durch die Anbetung und Verehrung dieser Unbeseelten werden viele Menschen genau wie sie. Habgierig, brutal und herzlos. Sie kennen keine Empathie. Ja, die Unbeseelten sind sehr viele in dieser Welt, es wird immer schwerer für uns Liebenden hier ein normales Leben zu führen.

Diese Bücher sind eine Art Selbstverteidigungsanleitung.

Ich empfehle euch mit den meisten nicht zu diskutieren oder von etwas überzeugen zu wollen. Sie haben keine Gefühle. Auch wenn du ihnen milde bist, werden sie dir Schaden zufügen wollen.

Ja, sie hassen uns, und wollen euer gütiges Herz ausnutzen. Ich weiß, du kannst dir das manchmal nicht vorstellen, doch du wirst es eines Tages herausfinden. Wir Liebenden denken immer, die Welt wäre immer so Schön und rein, wie wir selbst denken, doch dies ist unser größter Irrtum. Ihr dürft nicht vergessen, es gibt den positiven und den negativen Schöpfer. Jeder arbeitet für seine eigene Bestimmung. Es ist zum Weinen, wie Sadistisch die Menschen veranlagt sind. Und dies wird geduldet und unterstützt. Da die Mehrheit der Bevölkerung daran Gefallen hat andere zu erniedrigen und auszugrenzen. Doch die kosmischen Gesetze werden zurückschlagen, eines Tages.

So, sei nicht besorgt meine Liebste. Gott weiß von den bösen Menschen, doch er wartet auf den richtigen Zeitpunkt um dieses böse Spiel zu beenden. Gott möchte, dass wir zur Liebe finden.

Wir sollen die Dunkelheit sehen und dadurch zum Licht finden. Unrecht kann man nicht mit Unrecht bekämpfen.

Die Staaten und deren Politiker versündigen sich an der Menschheit. Sie werden nicht fliehen können vor ihrem Karma. Viele meiner Leser werden den Tag noch erleben. Ich verspreche es euch, wo die kosmischen Gesetzte, die Mutter Natur ihr Recht zurück erlangen werden. Ich segne dich meine liebe Leserin und Leser.

Ich sehe dich, du kannst die Welt nicht verstehen, so geht es mir auch an manchen Tagen. Doch ihr sollt wissen, achtzig Prozent der Menschen sind Seelenlos und haben kein Bewusstsein. Ihr glaubt mir jetzt wahrscheinlich wieder nicht, doch Bewerte nicht zu früh.

Wir Liebenden sind leider sehr wenige auf dieser Welt. Deswegen ist die Welt stets im Kriegszustand und der Frieden bleibt aus. Es gibt Wesen, die nur zur Zerstörung der Schönheit und des Lebendigen auf der Erde sind. Es ist ihre Bestimmung. Genauso wie es deine Bestimmung ist der Welt Liebe zu geben. Wenn doch alle Menschen gut sind, wer fällt dann die Bäume, die Regenwälder? Warum gibt es dann Jäger in den Wäldern? Wieso wird die Luft verpestet? Weshalb wird das Essen und das Trinkwasser vergiftet, damit wir krank werden. Warum werden Milliarden von Tieren getötet in einem Jahr? Weshalb werden die Kinder missbraucht, verhungern und sterben? Weshalb macht die Pharmaindustrie die Menschen krank? Wieso schert sich die Politik nicht um euer Wohlbefinden? Wieso findet der Staat daran Genuss wenn ihr krank werdet? Ich könnte ewig so weitermachen. Das Volk schaut stets weg wenn es um das Leid geht. Der Narzissmus regiert.

Du siehst also, viele finden Genuss am LEID. Es ist ihre tägliche Nahrung. Sie haben keine Seele und werden nicht zur Liebe finden werden. Doch ich schreibe die Bücher für die liebenden Seelen, habe deshalb ein schweres Leben. Ich opfere mich für die schönen Seelen. Die Seelenlosen haben alle wichtigen Positionen belegt.

Wenn die Liebenden das Sagen hätten, wäre die Welt ein Paradies, da eine schöne Seele niemandem Schaden zufügen könnte und nur das Beste möchte für seine Mitmenschen und die Tiere. Deshalb möchten sie dich nicht in ihrer Gesellschaft haben, dein Licht stört ihre Ordnung. Ihre Wohltätigkeitsorganisationen sind heuchlerisch.

Wo sind denn all die Gelder? Warum hungern trotzdem die Kinder in den Ländern wo das Geld doch helfen soll. Sie sind nur an Profit interessiert, nicht am Wohle der Menschen und Tiere.

Entschuldige, wenn ich mich öfters wiederhole. Die Tiere sind die Freunde der Menschen, sie sind Schutzengel. Sie sind nicht hier um geschlachtet zu werden. Sie möchten von uns Anerkennung und Liebe. Sie haben das gleiche Recht zu leben wie die Menschen. Es ist gegen Gott Tiere leiden zu lassen. Es schmerzt sehr dies zu schreiben. Ich bete, dass die Menschen umkehren, dass sie die Tiere in Ruhe lassen. Ja, wenn Menschen sterben, dann ist der Aufschrei groß, doch was ist mit den Tieren? Es gilt als Normal in dieser Gesellschaft Fleisch zu essen, welch verdrehte Welt. Der Mensch ist nicht dazu gemacht Fleisch zu essen. Es ist gegen seine Natur.

Sie geben uns Ablenkungen und Technologie, damit wir nicht fühlen sollen. Denn falls wir Fühlen und das Leid der Tiere wahrnehmen, werden wir uns ändern, doch dies mag die Masse nicht haben.

Sie möchten keine denkenden und fühlenden Menschen in ihrer erbauten, künstlichen Welt dulden müssen. Der Wettbewerb und der Konkurrenzgedanke wird den Kindern früh wie möglich eingetrichtert in den Lehranstalten. Kampf ist die Folge. Dies sind die herrschenden Triebkräfte der Gesellschaft, die lenkenden Prinzipien. Wer sich dem nicht fügt, der wird Ausgegrenzt. Wir werden dazu programmiert unser Mitgefühl zu verlieren. In ihrer Welt, kann nur jener überleben, wer Andere unterwirft oder vernichtet.

Das kognitive Denken beherrscht die Gesellschaft und das Herz wird getötet. Der Untergang ist die Folge. So ein fundamentales Gesetz zu allen Zeiten, das Gesetz des Lebens. Die Vergangenheit lebt im Heute. Es gibt nur Ursache und Wirkung, es gibt nichts Anderes. Alles andere ist eine Interpretation der kalten Vernunft.

All die Erfahrungen welches die Menschheit heute macht, ist eine Folge dessen seiner Vergangenheit, seines Denkens und Handelns. Wer die Indianer tötet, das weibliche Prinzip zu leben umbringt, die Tiere und Pflanzen misshandelt. Die kindliche Unschuld in den Schulen eliminiert, nur auf den Profit aus ist, die Armen ausbeutet usw. Dort kann man nicht erwarten, dass diese Welt eine Schöne sein möge. Es ist gegen die Gesetze des Lebens. Das äußere soziale Gefüge ist nur das Ergebnis der innerlich psychologischen Struktur.

Seht ihr denn nicht? Die Tiere opfern sich für die Menschen. Schaut tief in ihre wunderschönen Augen und ihr werdet die Wahrheit sehen und fühlen. Ein Mysterium, welches nicht in Wort zu fassen ist. Alles was die Tiere wollen, ist unsere Liebe und Freundschaft. Sie sind nicht da um geschlachtet zu werden. Sie möchten, dass wir zur Liebe finden, dass wir wahre Schönheit erlernen. Nein, alle die mir jetzt widersprechen, ihr müsst noch öfters auf diese Welt kommen, und bittere Erfahrungen machen. Wir sind nicht auf einer Ebene mit euch, wir die Liebenden und Tiere. Ihr seid verlorene Seelen in diesem Zustand. Meine Schriften sind nicht für die Seelenlosen bestimmt. Sie sind für die zarten, seligen Wesen. Umso ärmer eine Seele oder Seelenlos, umso höher ist der Konsum. Die Welt ist besessen vom Konsum. Wisst ihr weshalb? Weil die meisten keine Seele mehr haben, sie haben sie verloren, oder hatten nie eine. Jene, ohne Seele hofieren die Religion des unendlichen Konsums, damit wir nicht zu unserem Geist finden, zum Tempel der Liebe finden. Nein, wir sind nicht alle gleich. Die Liebenden sind den Seelenlosen überlegen. Die großen Künstler der Vergangenheit konnten Erschaffen, sie hatten Zugang zur Liebe, zur Quelle des Göttlichen. Es fehlt den meisten Menschen an Intuition. Deshalb können sie die bösen Spiele nicht dechiffrieren. Die Roboter haben die Macht übernommen, und sie haben leichtes Spiel. Sie geben uns den Konsum, und die meisten Menschen denken, sie wären frei. Sie sind Sklaven der Unbeseelten. Doch die besten Sklaven sind jene, die denken, sie wären frei.
Ja, ich liebe dich mein verehrter Leser, ich kann dich verstehen. Es gibt Tage, da vergrabe ich mich Zuhause, weil ich manchmal nicht weiß, wie man diese Welt noch aushalten kann. Meistens in diesen Momenten kommt eine Stimme und gibt mir Kraft. Sie sind unsere geistigen Führer, unsere Schutzengel. Sie geben uns wieder Kraft.
Ja, sie sind stolz auf uns und sehen unsere Schönheit. Tränen sind ein heiliges Wasser, sie sind Gottes Segen. Doch hütet euch vor den Seelenlosen, sie können auch weinen, des Schauspiels willen. Wer keine Intuition hat fällt darauf rein. Sie weinen künstlich um die Menschheit zu versklaven.

21

Ich kenne da jemanden, er soll alleiniger Herrscher momentan in der Türkei sein. Unbeseelt seine Seele, er gehört der Dunkelheit. Er wurde von der Dunkelheit geschickt um die Schönheit und die Natur zu zerstören. Sein Arbeitgeber ist Luzifer und der Vatikan.

Ja, ich kann sehen und die meisten da draußen nicht, dies ist unser einziger Unterschied. Die Welt des weißen Mannes ist aufgebaut auf Lug und Betrug. Alles wird ins Gegenteil verdreht. Die Seligen im Geiste leiden in dieser Welt und werden gemobbt. Das Böse wird angehimmelt und hofiert. Ihr glaubt mir nicht?

Schaut doch eure Welt an. Ihr habt sie Erbaut.

(Wenn ich eure Welt meine, dann ist damit die Welt der Seelenlosen gemeint, nicht der Liebenden.)

Wenn die Schönheit gesiegt hätte, würde eure Welt nicht so aussehen. Weshalb wurde Jesus gekreuzigt? Warum wurde Friedrich Nietzsche und Vincent Van Gogh für verrückt erklärt? Wieso lässt man mich leiden, verlegt nicht meine Bücher und versucht mich umzubringen in eurer Folter? Denkt mal darüber nach. Ihr habt Betrüger zu Heiligen erklärt. Ihr habt ihnen die ganze Macht gegeben.

Mörder werden zu Helden in eurer Welt, sie sind ohne jegliches Bewusstsein. Eure Sportler sind Lügner, sie haben keine Seelen. Ihre Spiele sind manipuliert. Nur wer sehen kann, kann dies beobachten. Warum sterben so viele Tiere so qualvoll? Wenn doch eure Welt so schön und zivilisiert sein soll. Dies nennt ihr moderne Welt? Die Krähen lachen über euch. Die Krähen sind heilige Wesen. In einer Sekunde werden 5000 Tiere getötet. Jede fünf Sekunden verhungert ein Kind auf dieser Welt und stirbt oder erblindet an Vitaminmangel. Wie kann der Mensch sich selbst als die Krone der Schöpfung sehen? Wie kann er dies glauben? Wer den Seelenlosen dient bekommt ein luxuriöses Leben in Wohlstand gestellt und hat keine Probleme. Mit Sport und Unterhaltung werden wir abgelenkt. Brot und Spiele.

Sie füttern uns mit Gewalt in allen Bereichen. Die Menschen wissen nicht mehr wo links und rechts ist, was gut und böse ist. Sie geben uns Überflutungen an Reizen.

Ja, sie bekämpfen nicht die Armut sondern die Armen. Sie hassen uns, sie vergiften uns mit der Nahrung und vergiften den Himmel mit ihren Chemikalien. Bei mir gibt es keinen Honig um den Mund. Ich schreibe es wie es mir kommt.

22

Die geistige Welt, die Liebe flüstert mir ins Ohr und ich schreibe. Seht ihr jetzt, wieso wir nicht Eins sind mit allen. Ich lege den Finger in die Wunder, eure Heiligen und Politiker verursachen bewusst diese Wunden. Merkt euch eines, es geschieht nichts per Zufall in dieser Welt. Das Dunkle hat es auf unsere Kinder abgesehen, schützt eure Kinder. Ja, ihr bekommt nun womöglich Angst, doch dies ist gut. Die Unbeseelten haben keine Angst. Gleichgültigkeit ist des Teufels Werk. Wir Liebenden sind zu allen Zeiten unbesiegbar. Sie können unseren Körper zerstören, doch nicht unsere Seelen.

Sie haben „*Ernesto Che Guevara*" getötet, doch er war ein Liebender. Er wird für immer weiter leben. Doch jene, die ihn töteten, sind schon längst vergessen. Oder kennt ihr deren Namen?

Meine Gedichte und Lyrik können euch heilen. Probiert es aus. Lest diese Bücher, sie kommen aus der Quelle. Lest sie und ihr werdet eine selige Stille und Harmonie empfinden. Schöne Seelen werden stets bekämpft werden, ihnen werden immer wieder Steine in den Weg gelegt werden, doch dies ist unser höchster Schatz.

Jene, ohne Seele regieren diese Welt und die Masse dient ihnen mit ihren Handlungen. Sie kopieren ihre Verhaltensweisen und diskriminieren die Schönen, Zarten. So habt keine Schuldgefühle meine lieben Leser. Ihr tragt keine Schuld in euch.

Sie versuchen euch Schuldgefühle zu geben, damit ihr Minderwertigkeitsgefühle wie sie bekommt. Sie möchten, dass ihr den Zugang zur Liebe verliert. Doch ihr seid pure Liebe. Sie können immer nur Angst verbreiten, doch die Liebe kann man nicht besiegen.

Es gibt Kinder die haben Freude daran anderen Kindern Leid zuzufügen. Sehr ihr jetzt, wir sind nicht alle gleich. Viele werden Seelenlos geboren, sie gehören der Dunkelheit. Warum haben viele kein Mitleid in sich und andere weinen Tag und Nacht um andere Mitgeschöpfe?

Merkt ihr denn immer noch nicht was für ein Spiel hier läuft? Warum weinen wir um die Menschheit und andere erfreuen sich wenn die Menschheit leidet. Ja, an manchen Tagen ist diese Welt sehr schwer zu verstehen, doch ich möchte deine Tränen trocknen, mit dir zusammen weinen. Du bist nicht alleine. Du wirst zu mir finden, wenn die Zeit gekommen ist, dieses Buch hat den Weg nicht umsonst zu dir gefunden. Man muss die Strukturen dieser Welt erlernen. Wie gewisse Mechanismen funktionieren.

Ja, es gibt jene, die um die Menschen weinen, für die Freiheit einstehen und für dies in den Gefängnissen der Gesellschaft zugrunde gehen, oder in Armut verbleiben müssen.

Und es gibt jene, die dem System dienen und in erheblichem Wohlstand leben. Ungerechte Welt. Es gibt in dieser Welt die Engelswesen, sie dienen der Biophilie, dem Lebendigen.

Und es gibt die Seelenlosen, sie dienen der Nekrophilie. Sie verehren die Liebe zum Tod. Sie verehren alles was gegen das Göttliche ist, gegen die Schönheit auf Erden. Die Unbeseelten regieren diese Welt. Sie haben es schon immer getan. Die wahren Menschen, die sich Mensch nennen dürfen sind leider nur sehr wenige.

Die Unbeseelten, wie es das Wort sagt, haben keine Seele und kein Bewusstsein. Sie sind nicht verbunden mit der Liebe. Ihr glaubt mir wieder nicht? Wenn doch jemand Beseelt wäre, wie könnte er dann Milliarden an Waffen verkaufen die dann die Menschen töten?

Wie könnte man die ganzen Fische in den Meeren töten und quälen? Wie könnte man im Überfluss leben, während andere an Hunger sterben oder kein Obdach haben? Wie könnte man seine Arbeiter ausbeuten und sie sadistisch quälen, nur um Reich zu werden?

Wie könnte es Reiche und Arme geben? Mit dieser Welt scheint etwas nicht in Ordnung zu sein. Ich weiß um die Hintergründe, durch die Eingebungen die ich bekomme. Natürlich darf ich nicht alles sagen. Was ich erzählen kann ist, dass jene die heute überall an der Macht sind, nach dem Tode eine grausame Dimension erwarten wird. Ich sage nicht Hölle. Es gibt keinen Himmel und keine Hölle. Dies ist von den Religionen erfunden worden, damit sie euch in Angst und Panik halten können. Es gibt Dimensionen. Jeder wird in seine eigene zurückkehren. Die Liebe spricht zu mir und ich schreibe. Ja, die Liebe möchte, dass du, mein verehrter Leser zur Liebe aufsteigst. Du bist anders, du bist wunderschön. Ich kann dich sehen, deine Unschuld in deinen Augen.

Ich salbe dein Haupt mit süßem Honig. Es wird dich befreien von all den negativen Energien in dir. Du wirst dich sehr oft in meinen Schriften erkennen. Du bist nicht alleine, hörst du Liebling? Es ist die Frequenz der Seelen, die uns verbindet.

Hast du dich schon einmal gefragt, warum du mit den meisten Menschen nicht zurechtkommst? Es sind die Seelenfamilien die nicht passen. Du bist ein göttliches Wesen. Die Andere oder der Andere sind womöglich Seelenlos oder haben ihre Seele verloren.

Ja, dies ist nicht unsere Welt. Betrachtet genau die Welt. Ihr werdet sehen, dass viele Ärzte die Gesundheit der Menschen zerstören. Die Lehranstalten vergiften die Kinder und nur die herrschende Ideologie wird gelehrt. Die meisten Anwälte und Richter arbeiten für die Mächtigen, sie stehen ihnen im Dienste des Establishments.

Die Religionen haben es auf Gott abgesehen, sie möchten mit aller Macht den wahren Schöpfer töten. Die Gotteshäuser sind gegen Gott. Sie zerstören die Lebensmittel und das Wasser. Sie machen alles, damit die Menschen das Vertrauen und die Liebe zum Leben verlieren. Denn, dann sind sie gefundenes Fressen für dieses System der Unterjochung.

Der weiße Mann tötet überall die alten Wissenden und Waisen wenn er irgendwohin kommt. Die alten Traditionen, Dichter und Denker. Denn sie haben das goldene Wissen. Warum enden die Kriege nicht auf der Welt, die Invasionen? Alles ist miteinander verstrickt. Jetzt wisst ihr auch weshalb alle Menschen immer zuschauen wenn die USA ein Land angreift oder eine Atombombe wirft. Die meisten gehören zu den Seelenlosen. Denn die Mehrheit der Bevölkerung in den meisten Ländern dienen dem Establishment ob bewusst oder unbewusst. Sie bestehlen unseren Lohn durch die Steuergelder und benutzen es für ihre Waffenindustrie und die Pharmaindustrie die uns vergiftet.

Ja, sie stellen uns, den Beseelten Menschen viele Fallen, damit wir hineintappen. Deshalb unternimmt die Gesellschaft alles, damit wir unsere Empathie ganz schnell verlieren. Damit wir die Verbindung zu unserem Herzen verlieren. Die Seelenlosen haben kein Mitleid, sie können nur unterdrücken und nach Macht streben. Um zu lieben bedarf es einer Seele. Es geht immer nur um Energie. Jene, ohne Liebe möchten deine Energie stehlen, die Liebe in dir. Doch, ohne das Böse würden wir Auserwählten nicht wissen, was wahre Schönheit ist. Man braucht also die Nacht um das Licht des Morgens zu sehen. Liebe ist die einzige Wahrheit. Doch sie haben euch falsch konditioniert, sie haben euch die Liebe falsch beschrieben.

Um zur Liebe zu gelangen müsst ihr alles vergessen, was ihr bisher gelernt habt. Ihr braucht eine zweite Geburt. Diese Liebesgedichte, die ich dir schreibe, können heilen, probiere es aus und vertraue meiner Energie. Ich kann dich sehen, ich sehe deinen schönen Geist. Deine Seele schreit und möchte nach Hause einkehren. Liebe gibt, sie fordert nicht.

Ohne Gegenleistung zu erwarten liebt ein Liebender. Einfach zu lieben, der Liebe Willen. Man kann dies leider nicht aneignen. Es mag hart klingen, doch entweder ist man ein Liebender oder eben nicht. Man kann nur Liebe geben, man kann keine Liebe bekommen.

Doch wie lieben, wenn man die Kunst des Liebens nicht kennt? Nur die Beseelten können lieben. Schaut man ihre Welt an, die künstliche Welt, dann sieht man, dass Kinder schon ganz früh nur aufs Nehmen programmiert werden. Man wird zu einem Geizkragen erzogen.

Wie soll nun eine schöne Welt entstehen? Es ist gegen die Gesetze der Liebe. Eure Welt hat keine Ahnung von den Mysterien der Liebe. Wenn ich eure meine, dann meine ich die der Unbeseelten.

Ja, und glaube mir, sie wissen um unsere Schwachstellen. Wenn wir unachtsam sind und nicht in der Liebe sind, können sie uns angreifen. Sie hassen die Liebe und es nützt nichts ihnen Liebe entgegenzubringen. Sie verstehen diese Frequenz nicht. Sie lieben es wenn die Menschen Angst haben. Schau dir die Weltgeschehnisse von heute an. Die Angst macht Menschen gehörig. Wir werden von den Seelenlosen geführt und regiert und die Masse kann nichts verändern. Die Machthaber haben kein Herz und kein Mitgefühl. Für sie ist es egal ob Millionen von Menschen sterben, was sie verursacht haben. Sie beneiden unsere Schönheit, da sie niemals Schönheit erlangt haben. Ihr könnt sie nur besiegen wenn ihr in der Liebe seid. Unbesiegbar werdet ihr dann sein.

Ja, sie können unserem Körper schaden, doch nicht unserem unsterblichen Geist. Sie hassen Gott, deshalb all ihre organisierten Religionen. Sie dienen dazu Gott zu zerstören. Ja, ich liebe Jesus und Mohammed, doch die Religionen können mir fern bleiben. Wenn die Propheten heute auf die Welt kommen würden, dann würden sie gegen die organisierten Religionen kämpfen. Doch bald wird das Ende der Seelenlosen kommen, es wird eine harte Zeit bis dahin noch werden, wo Millionen Menschen ihr Leben verlieren werden, doch der große Mittag wird bald kommen, wie es Friedrich Nietzsche beschrieb in seinem Zarathustra. Es gibt die positive Liebe und die negative Liebe. Das Positive ist Freund des Lebendigen, des Lebens. Die negative Liebe hasst das Leben und das Lebendige, die Schönheit. Ja, ich denke oft über die Menschen nach. Ich schreibe diese Bücher und bekomme meistens zu hören, dass es uns doch hier gut geht und ich mir nicht so einen Kopf über die Ungerechtigkeiten auf der Welt machen soll und genauso ignorant leben soll, wie sie.

Doch sie hinterfragen nicht, warum es den armen Menschen so schlecht geht und uns angeblich finanziell gesehen so gut? Sie sind das Problem, jene die Ignorant reden und mit ihrer Ausbeutung immer reicher werden und all die Spendergelder sich in die Taschen stopfen, durch Medikamente die Menschen vergiften oder durch den Waffenverkauf.

Wo sind die ganzen Gelder der Spendenorganisationen? Schon mal darüber nachgedacht? Sie reden von Tugenden in ihren Medien, doch ist ihre Tugend des Teufels Werk. Dahinter verstecken sie ihre seelenlosen Wesen. Es ist halt so, sagen sie dann immer.

Weshalb sehen dies die Menschen nicht? Wieso gefällt es ihnen nur zu konsumieren und nichts zu hinterfragen oder ihr Leben zu ändern? Da ich sehen kann, werde ich als Brandstifter ihrer unbeseelten Welt gesehen. Ich bin eine Gefahr für sie. Die Beseelten sind zu allen Zeiten der Weltgeschichte eine Gefahr für die Unbeseelten gewesen, und sind es heute noch und werden es auch immer bleiben. Sie essen während ihres Lebens tausende von Tieren und finden dies alles normal. Welch eine Welt.

Ja, der Gott der Religionen ist nicht der Gott der Propheten. Dies sollt ihr wissen. Es ist alles verdreht und vertuscht worden. Ja, lebt in dieser Welt, weil wir keine andere Wahl haben, doch seid nicht von dieser Welt. Sie möchten, dass ihr das Böse nicht seht, doch existiert es an fast jeder Ecke. Ich möchte euch keine Angst machen, ihr sollt nur die Realität sehen und euch schützen können. Jedes Tier in der Natur schützt sich wenn eine gewisse Grenze überschritten wird.

Die Tiere sind voller Anmut. Und hört nicht auf jene, die euch von Hoffnung predigen. Sie reden von ihrer Hoffnung, von ihrer Sklaverei. Ihr sollt ihnen folgen und dann bieten sie die Lösung an. Sie sind des Menschen Feind. Liebende Seelen lassen sich von nichts etwas dirigieren, sie forschen nach ihrer eigenen individuellen Wahrheit. Die meisten Menschen hier leben für den Umsatz, für den Profit. Sie gehen über Leichen auf diesem Weg. Ihnen sind die Menschen und Tiere egal. Du kannst es an ihren Augen sehen.

Aber du meine Schöne, du bist eine wundervolle Seele, sonst würdest du nicht mein Buch lesen und die göttlichen Fügungen hätten uns nicht zusammen gebracht. Ja, erkenne endlich, du bist schön wie du bist! In dir sehe ich den liebenden Gott. Ja, es gibt das Böse, damit wir erkennen, dass wir die Schönheit sind. Nichts geschieht zufällig. Ja, die Unbeseelten werden die Welt in eine Hölle verwandeln in den nächsten Jahren, in ein offenes Gefängnis. Nein, wir sind nicht alle gleich. Jene, die dies erzählen, wissen von der Dunkelheit. Sie sind die Dunkelheit in Person. Deshalb haben die schönen Seelen auch viele Ängste oder sind voller Zurückhaltung in ihrem Verhalten, da sie in Sorge sind anderen Wesen zu schaden. Sie sind voller Liebe, sie möchten niemanden Schmerzen zufügen.

Doch die Dunkelheit weiß um diese schönen Seelen. Deshalb werden in dieser Welt auch nur die feinen Seelen angegriffen, niemals die Bösen. Dies ist ein wichtiger Leitsatz in der Evolution des Menschen. Ihr glaubt mir nicht? Schaut einfach in die Welt und in die Geschichte, wer immer angehimmelt wurde und wer gekreuzigt wurde. Die meisten Menschen, sollte ich sie Menschen nennen? Sind gleichgültig dem Leben. Sie schreien nur auf, wenn es um ihren eigenen Geldbeutel geht. Wir Auserwählten und da gehörst du auch dazu mein lieber Leser, wir sind hier um die schönen Wesen nach Hause zu holen. Für die Dunkelheit ist nichts zu machen, dies ist auch nicht unsere Aufgabe ihnen zu helfen. Sie werden sich selbst zerstören. Dies ist eine kalte, ungerechte Welt voller seltsamer Menschen. Es ist normal, dass man als gütiger, liebender, sensibler Mensch in dieser Welt Probleme bekommen wird.

Menschen sind voller Neid und Rachegefühle. Wir Liebenden kennen dies nicht. Diese Welt lehnt die herzvollen Menschen ab. Seht ihr dies denn immer noch nicht? Es ist Zeit zum Aufwachen meine Liebste. Die Mutter Erde ist so schön, es ist das wundervollste Kunstwerk, das es je gegeben hat. Es ist nun mal so, manchmal muss man das Dunkle sehen, damit man das Licht wahrnimmt. Wir sind von der gleichen Sorte mein Lieber. Ich hoffe, dass wir uns eines Tages in dieser Welt sehen dürfen und tolle Gespräche haben können. Deine Tränen sind heilig, die vermutlich nun fließen. Wir wurden zusammen geführt meine Schönen. Jene, die sich in den nächsten Jahren an ihrem materiellen Besitz, an ihren Universitätsabschluss oder Beruf identifizieren und fest halten, werden es ganz schwer haben.

Der Geist und das Herz werden entscheiden. Wer seine Seele retten kann oder eine hat, wird überleben. Die materiellen Menschen sind die Ursache für die Probleme auf der Welt und sie werden von diesem Planeten verschwinden, damit es endlich eine schöne Welt geben kann. Denn die Liebe ist stärker als alles andere.

Weil sie die Liebe nicht besiegen können, zeigt die Dunkelheit nun sein schlimmstes Gesicht. Sie werden es bis zum bitteren Ende treiben mit ihren Maßnahmen und unmenschlichen Gesetzen.

Doch wird die Liebe siegen nach dem bitteren Chaos. Es muss erst ganz schlimm werden, damit etwas Neues entstehen kann. Die Menschheit hatte viele Chancen, doch sie hörten nicht auf die Liebenden und auf meine Bücher. Darin war sehr gut beschrieben, was die Menschheit hätte tun sollen, doch wer nicht höret, der muss leiden. So lernt der Mensch. Wir sind umzingelt von Räubern und Dieben der Seele, der Schönheit. Die Erde wird bald wieder ein schöner Ort sein, wo die Seelenlosen verschwinden werden. Doch davor, wird es nochmals ganz hart werden. Die Liebe findet zu den Menschen, man muss nur ein reines Herz haben.

So hast du zu mir gefunden, mein lieber Leser. Ja, ihre Gesetze versklaven die Menschheit, ihre Gesetze lassen Kinder verhungern, ihre Gesetze ermorden Milliarden von Tieren. Ihre Gesetze verpesten die Mutter Natur, also Gott. Und es sind nicht die da Oben, die dies machen. Alles ist miteinander verknüpft. Von unten bis nach oben. Die Masse der Menschen kooperiert mit ihrem Denken und Verhalten mit den Regierenden. Sie verstehen sich sehr gut. Sie denken alle klein. Sie denken meistens nur an ihren erbärmlichen, materiellen Profit. Es geht ihnen um Macht und den Seelenraub der schönen Menschen. Wer dies alles nicht sieht, der hat echt ein ernstes Problem. Diese Welt ist kaum mehr zu ertragen für die Herzvollen, ich weiß. Doch wie glücklich, wenn ich mit diesen Büchern deiner Traurigkeit Freund sein durfte. Mein Herz schmerzt sehr, in dieser Welt leben zu müssen an den meisten Tagen.

Diese Welt ist für sensible Wesen eine Hölle. Zu sehen, wie sich die Menschen wie Bestien benehmen, ist traurig. Doch dies zu erfühlen ist ein Segen zugleich, denn die meisten Menschen haben keine Gabe zu fühlen und zu denken. Sie werden programmiert wie Roboter, sie sind Roboter. Doch wir göttlichen Menschen brauchen niemandem weh zu tun oder anzugreifen. Wir tragen die Schönheit Gottes in uns. Schaut den religiösen Menschen genau in die Augen, aber auch nicht zu lange. In ihren Augen könnt ihr den falschen Gott sehen, den Teufel persönlich. Wer wirklich ein göttlicher Mensch ist, muss dies nicht zur Schau stellen oder in ein Gotteshaus gehen, wo Gott niemals war. Der liebende Gott, also unser Gott ist der wahre Gott. Der Gott der organisierten Religionen ist der Falsche.

Er dient dazu das Leben und die Menschen zu zerstören. Schaut euch um, seit Jahrhunderten bekriegen sich die Religionen. Was sie aber alle nicht wissen ist, dass sie alle von einer Stelle aus Regiert werden. Sie nennen sich Muslime, Christen oder Juden. Doch werden sie alle vom Vatikan aus regiert. Sie gehören zum gleichen Schlag. Ihr glaubt mir wieder nicht? Wohin gehen all die Politiker wenn sie gewählt werden? Egal welcher Religion sie angehören mögen. Forscht mal nach. Ja, es ist hart, doch muss ich die Wahrheit sagen.

Doch die Rettung der Menschheit kann nur individuell geschehen. Jeder muss sich selbst ändern, oder das Elend wird bestehen bleiben. Da die Masse dies nicht möchte, dies sieht man an ihrem Verhalten, wird es enorme Chaoszustände geben in den nächsten Jahren.

Ich werde in diesen Büchern immer da sein, für die liebenden Seelen. Dies ist für ewig. Wann immer du traurig und bedrückt bist, dann lies meine Gedichte und Lyrik. Es steckt Magie darin, für jene, die ein reines Herz haben und mit dieser Welt nicht mehr weiter wissen, an regnerischen Tagen.

Die Dunkelheit möchte eure Seele haben. Sie werden es bis zum bitteren Ende mit der Versklavung der Menschheit vorantreiben. Ihr könnt euch nicht vorstellen, was alles in den nächsten Jahren noch kommen wird. Die Feinfühligen werden am meisten leiden, weil sie mit ansehen müssen, wie die Menschen geknechtet werden und sie dies alles freiwillig mit sich machen lassen werden. Viele kleine Unruhen wird es immer wieder geben, viele Bürgerkriege.

Die Wut welches man der Obrigkeit nicht zeigen kann, wird sich dann entladen untereinander im Volk. Auf der einen Seite werden die Menschen Gehorsam der Obrigkeit sein, und auf der anderen Seite werden sie voller Gewalt gegen die schwächeren Menschen vorgehen. Die Masse wird auf die Liebenden losgehen, da sie die Engel sind. Die Masse kann das Schöne nicht dulden, da sie das Personal der Dunkelheit sind.

Die Dunkelheit sind nicht so viele, doch ihre Anhänger geben ihnen diese enorme Kraft, also die Herde, die Masse der Bevölkerung. Nach dem Chaos wird sich Mutter Natur entledigen und die Seelenlosen werden die Welt verlassen. Es wird eine schöne Welt entstehen, doch das Alte muss davor weichen, damit das Neue entstehen kann.

Der Alte, gegenwärtige Weg zu leben hat Mutter Natur zerstört, dies kann nicht mitgenommen werden in die neue Zeit. Jene, die im Konsum gebadet haben, sie wird es sehr hart treffen, die Reichen und Mächtigen. Sie haben das Anrecht der Armen verbraucht.

Niemand benötigt mehrere Häuser, Autos oder dutzende Klamotten, Schuhe oder Juwelen, während andere kein Dach über dem Kopf haben um zu schlafen. Noch leben die Reichen, die Machtgierigen im Geiste in Saus und Braus, doch bald wird Mutter Natur eingreifen…

Die Erde wird sich wandeln, es wird eine neue Welt entstehen. Das alte Zeitalter wird durch ein Neues ersetzt, denn es gibt kein Ende der Welten. Alles ist stets am Fließen. Unsere Aufgabe ist es die Welt ein wenig schöner zu hinterlassen, als wir sie betreten haben.

Mit den Tieren und der Natur Freundschaft zu schließen. Nur so kann Liebe wachsen. Gebt, und schaut nicht was ihr dafür bekommt. Die verheerenden Zustände der Welt heute sind entstanden weil der Mensch vergessen hat zu Teilen.

Ja, das Herz der Meisten ist erstarrt, so muss man wieder lernen. Ihr müsst die zweite Geburt hinbekommen. Gebt Bedingungslos, bitte. Die Liebe ist sehr zart, sehr. Ehrgeiz ist Gift für die Liebe.

Die ganze Menschheit lebt in verschiedenen Formen von Sklaverei weil es an der Liebe fehlt, sie hat ihre Seelen verloren.

Diese Gesellschaft ist lieblos, deshalb all die seelische Pest. Ihr solltet euch von den Ketten der lieblosen Gesellschaft befreien, dafür sind meine Werke da. Deshalb streben die Menschen nach Macht in ihrem Familienleben. Es fehlt an Liebe an allen Ecken. Die Gesellschaft dient dem Establishment. Nur ganz wenige Tun dies nicht.

Jene, die dies nicht tun werden verfolgt und diskriminiert und ihr Schicksal ist das Kreuz. Das Gefühl der Minderwertigkeit lässt Menschen nach Macht streben. Sie sind Seelenlose. Diese Welt wird regiert von Menschen, die sich unterlegen fühlen, deshalb all der Hass auf die Schwachen. Schau dir die Auren der Regierenden an, sie sehen überall fast gleich aus. In ihren Augen kannst du eine Leere sehen, ihre Augen sind unbewohnt. Jeder möchte, dass sein Kind etwas Großes wird und andere unterjocht, wenn es mal Älter wird. Die Liebenden sind nicht Machtorientiert. Sie haben die Stärke einer Blume. Sie blühen um der Freude Willen. Es ist das Schicksal der Genies missverstanden zu werden, so werden sie euch auch missverstehen, meine Lieben. Da eure Seele viel zu schön ist für die niedere Masse. Sie können euch nicht verstehen. Ihr seid gesegnet vom Leben, vergesset dies niemals. Um uns Liebenden zu verstehen muss man auf der gleichen Bewusstseinsstufe wohnen. Deshalb verstehen sie uns nicht, womöglich besser so.

Die Politiker können nicht existieren, wenn es keine Probleme gäbe, deshalb lassen sie irgendwelche Probleme entstehen, um uns dann ihre perfide Lösung anzubieten. Das ist das schmutzigste Spiel der Welt. Unschuldige Menschen leiden darunter. Es benötigt keine Regierungen. Wir Menschen sind freie Wesen. Negiert es Steuern zu bezahlen. Mit diesen Geldern töten sie unsere Geister, sie verwenden es für ihre korrupten, lebensverneinenden Pläne.

Sie bekämpfen die Armen, vergesset dies Niemals, zu keinen Zeiten der Welt. Die Politiker zeigen uns immer irgendwelche Feinde, heute sind es die Viren. Doch sie sind Parasiten, die Politiker. Sie haben sich noch nie für den Frieden eingesetzt oder für die Armen. Schaut in die Geschichte. Die Regierungen haben schon immer die Menschen ausgebeutet. Die Geschichte wiederholt sich stets zu allen Zeiten. Sie brauchen das Elend der Menschen, damit sie uns regieren können, damit sie Macht ausüben können. Ihr müsst ihre Psyche erlernen. Die meisten haben Habgier und Gewalttätigkeit in ihrem Inneren, doch weil sie keine Macht haben, können sie es nicht ausleben.

Doch Macht in den Händen eines Liebenden wird wie Honig sein, der Alle heilt. Er wird sein Leben der Liebe willen schenken.

Die meisten Menschen leiden an einem Minderwertigkeitskomplex, deshalb lassen sie andere leiden.

Die Machthabenden möchten, dass ihr niedrig schwingt, dass eure Lebensenergie blockiert wird und ihr nicht zu schönen Höhen fliegen könnt in eurer Seele.

Weil die Bösen nicht im Herzen fühlen können, möchten sie euch in einen Zustand bringen, dass ihr den Kontakt zu eurem Herzen verliert. Deshalb auch all die Ängste, die sie euch einimpfen.

Alles dreht sich in ihrer Welt nur um das Gewinnen und Verlieren. Konkurrenzhandeln, so weit das Auge reicht. Deshalb produzieren sie arme Menschen, die im Mangel leben. Sie produzieren das Elend auf der Welt. Und nein, diese Menschen sitzen nicht nur auf hohen Ebenen, sie sind überall.

Es ist genug Nahrung für alle da, doch eine kleine Minderheit nimmt die Ressourcen der Welt für sich ein, und alle anderen Verhungern oder müssen strampeln. Denn dies ist nicht unsere Welt, sie kann nicht unsere Welt sein. Liebende Menschen könnten so eine Welt nicht errichten, es ist die Welt der Seelenlosen.

Die Herzlosen sitzen an allen Schlüsselpositionen der Gesellschaften. Sie geben ihren Sportlern, die ihr im Fernsehen seht unglaubliche Gehälter, während Kinder verhungern und Tiere ermordet werden. Die Sportler fressen Tierleichen, werden immer massiger und sind Seelenlos im Geiste.

Sie werden speziell auserwählt vom Establishment.

Denn die Regierenden wissen genau, wer Seelenlos ist und ihnen Gehorsam sein wird. Doch es ist die Schuld der Gesellschaft, dass sie dies mit sich machen lässt. Sie unterstützt all diese manipulierten Sportspiele und betet förmlich diese Sportler an, und werden selber zu Seelenlosen, denn die Energie auf den Bildschirmen schwappt zum Zuschauer über. Dies ist das Ziel der Elite, die Menschen Seelenlos zu machen, damit sie besser zu lenken sind.

Hätte die Masse die Philosophen und Dichter unterstützt, wäre die Welt nicht in dieser schlimmen Lage. Wenn du jetzt sagst, die Welt ist doch gar nicht schlimm, ist doch alles gut wie es ist, früher war es noch schlimmer. Dann bist du womöglich ein Seelenloser und solltest nun dieses Buch zuklappen und nie wieder lesen. Du gehörst der Dunkelheit an. Es ist besser für dich wenn du dich weiterhin darum bemühst andere Menschen zu denunzieren und Tiere weiter zu fressen.

Meine Bücher sind nur für die Seelenvollen Wesen bestimmt.

Natürlich ist das Leben eine Qual für jene, die sich mit ihrem Körper und dem Materiellen identifiziert haben. Wer wahre Musik gehört hat, an den Blumen gerochen und Poesie erfahren hat, der wird nicht leiden. Ja, die meisten der Frauen haben ihre Weiblichkeit verkauft oder schämen sich für sie. Poesie ist weiblich, Gedichte sind weiblich, doch die meisten Frauen haben keinen Schimmer davon, was Poesie im Leben ist oder haben keine Anmut. So viele Frauen sind in der Geschichte für die Frauenrechte gestorben und was machen die Frauen heute? Sie verleugnen die wahre Schönheit und widmen sich dem männlichen Prinzip zu leben. Wunderschön und zart ist das weibliche Prinzip des Lebens, doch wenn ich durch ihre Straßen laufe, durch die Städte kann ich leider fast gar keine Frauen sehen, die

Weiblich sind, Feminin. Dies macht mich sehr traurig, denn ich dachte immer die Frauen sind die Hoffnung der Zukunft. Doch wieder war ich viel zu Naiv, dies zu glauben. Die Realität sieht anders aus, zumindest hier wo ich wohne und wenn ich die Medien sehe.

Ich rede und schreibe nicht gegen das Leben, ich weiß um das Potenzial des Menschen vor allem der Frau, da das Weibliche in mir mich diese Bücher schreiben lässt.

Das männliche Prinzip zu leben ist ein Despot, er hat die Welt in diese kriegerische Art gebracht. Denn die Liebe kennt nichts anderes als die Liebe. Ich hoffe, dass einige Frauen aufwachen werden, denn nur die liebenden Frauen können etwas bewirken in dieser Welt.

Der gewöhnliche Mann ist sehr schwach. Die Existenz ist immer gut zu jenen, die ihr vertrauen und Mutter Erde lieben. Die Existenz wird euch lehren wie majestätische Balletttänzer zu tanzen.

Ihr werdet geschützt sein, in einer Welt voller Seelenlose. Das Leben weiß, wer sich um das Leben und die Liebe kümmert. Dies ist das schönste Mysterium. Den Weg werdet ihr dann selbst finden, lasst euch von Niemandem sagen, wie ihr zu leben haben sollt, denn Balletttänzer tanzen auf den schönsten Bühnen.

Gott ist der Herzschlag des Universums und kein alter Opa der oben im Himmel oder auf den Wolken sitzt. Die Gebete der Anhänger der organisierten Religionen beruhen auf Angst und auf Habgier.

Die organisierten Religionen haben die Hölle auf Erden geschaffen. Es ist ihr Werk. Sie töteten die Indianer oder folterten die Frauen. Doch, ihr sollt mir nicht glauben meine lieben Leser. Forscht selbst nach und findet eure eigene Wahrheit. Weil die Masse der Menschen zu sehr an ihrem Körper festhält, können die Politiker, die Konzerne und Geistlichen sie sehr leicht Ausbeuten.

Die Seelenlosen versetzen die Bevölkerung durch manipulierte Ereignisse in Angst um sie dann Gehorsam zu machen für ihre perfiden Pläne. Es geht um den Seelenraub und nicht mal so sehr um das Geld. Sondern um Macht. Nur die Angst oder die Habgier lässt Gehorsam werden. Die Seelenlosen Kreaturen wissen dies, ganz genau. Wenn der Mensch zur Liebe findet, können die Seelenlosen einpacken und ihre Pläne fallen ins Wasser. Doch weil der Mensch nicht zur Liebe findet und in die Fallen der Seelenlosen tappt mit all der Unterhaltung und dem Vergnügen die sie ihnen anbieten.

Deshalb haben die Seelenlosen die Menschen im Würgegriff der Schlange. Sie ernähren sich von Leid und Hungersnöten, von den Konflikten der Menschen. Sie möchten die Probleme der Welt nicht lösen, jene die an den Schlüsselpositionen sitzen. Ihre Aufgabe ist es Leid, Konkurrenz und Wettbewerb zu schüren, welches alles eine Form von Gewalt ist.

Die Gesellschaft, die wir bewohnen, wird von diesen Parametern regiert und gelenkt. Ihr glaubt mir nicht? Es fängt schon in der Schule an, wo es um Noten geht. Sämtliche Religionen huldigen den Saturn, ohne Ausnahme. Sie arbeiten alle zusammen. Der Saturn wird auch schwarze Sonne genannt. Die Religionen beten das Dunkle an und verleugnen die wahre Sonne, das Licht Gottes.

Achtet darauf, sie erzeugen immer wieder ein Chaos, um dann ihre Ordnung den Menschen aufzudrängen.

Das Chaos wird meistens künstlich inszeniert und in den Medien dann schön verpackt, damit es die Bevölkerungen der Welt glauben.

Jene, die noch eine Seele haben spüren es seit ihrer Kindheit, dass etwas mit dieser Welt nicht stimmt. Habe ich Recht?

Alles läuft verkehrt, alles steht auf dem Kopf.

Die Genies, die Dichter und Künstler die sich abstrampeln für die Menschheit, die auf das Wohl der Menschen aus sind, sie werden diskriminiert von der Bevölkerung, die sie bewohnen und die Bösen werden angehimmelt.

Diese Beobachtung scheint wie ein kosmisches Gesetz zu sein. In den Medien sieht man nur Scharlatane, in der Unterhaltungsbranche und Sportwelt. Sie sind Diener der Obrigkeit und natürlich werden nur jene dorthin befördert, die keine Seele mehr haben, die Seelenprostituierten, wie ich sie nenne.

Ja, die Seelenlosen, sie sind überall. Feinfühlige Wesen können sie erfühlen und an ihrer Aura sehen, denn sie haben keine Aura mehr. Sie haben kein Licht mehr oder hatten es nie. Dies ist nicht unsere Welt. Wir Liebenden sind hier um die Gefallenen Engel nach Hause zu holen, die Einigen die noch einen Funken Göttlichkeit in sich haben und sich weiter entwickeln möchten in der menschlichen Evolution. Ja, die Herrschenden bekämpfen die Massen mit einem stillen Krieg. Dieses Chaos macht keinen großen Lärm, doch er zerstört die Herzen und Seelen. Die Menschen gewöhnen sich daran geknechtet zu werden und jeder denkt nur an sich am Ende des Tages. Dieses Verhalten möchten die Herrschenden bezwecken und sie sind sehr erfolgreich damit, da die Menschheit ganz tief gefallen ist.

Wir werden in die Sklaverei hineingeboren und nur jene mit Seele schaffen es sich aus diesem Gefängnis zu entreißen. Die Seelenlosen und Schlafenden werden untergehen und noch viele Male in ihren Dimensionen wo sie hingehören viel Leid erfahren. Ihr müsst euren Geist befreien, es gibt keinen anderen Weg hinaus aus dieser Matrix.

Ich gebe euch die Poesie, die euch die Tür zur Freiheit zeigen wird.

Die Seelenlosen können nicht Erschaffen, sie können nur kopieren. Sie ernähren sich von der Leidenergie auf dem Planeten. Deshalb möchten sie auch nicht, dass es eine schöne Welt gibt, denn dann hätten sie keine Nahrung mehr in Form von der Energie des Leids. Deshalb hassen sie alles was Göttlicher Natur ist.

Ich kann die Emotionen der Menschen aufnehmen und erfühlen draußen in der Welt. Die organisierten Religionen dienen dem Saturn, der dunklen Sonne, deshalb können sie keine Schönheit hervorbringen. Ihre Natur ist gegen die Schönheit. Sie widmen sich den dunklen Energien.

Die Gesellschaft hat es auf das Herz abgesehen, ich muss dies immer wieder betonen. Das Herz ist die Sprache der universellen, bedingungslosen Liebe. Wir werden seit Kindertagen darauf programmiert ein Teil der Bauchgesellschaft zu sein. Sprich mit Emotionen niedriger Schwingung zu leben. Wir werden dazu programmiert die linke Gehirnhälfte zu benutzen in allen Situationen und die rechte Gehirnhälfte, welches für Staunen, Poesie, Herz und Träumen steht wird uns verwehrt.

Das Herz möchte reden in dieser Welt, doch die Gesellschaft tötet dies in ganz jungen Jahren.

Die linke Gehirnhälfte steht für das rationale Denken, für das männliche Prinzip zu leben. Der Stärkere und Skrupellose darf nur Überleben. So ist dieses Denken aufgebaut.

Sie geben uns schlechte Nahrung, damit wir keine hohe Schwingung in der Energie bekommen. Die Menschheit soll ganz tief unten bleiben. Seit Anbeginn der Menschheitsgeschichte werden jene die wahres Wissen über dies alles haben, die dieses Spiel der Mächtigen entlarven mit Tod oder Ächtung bestraft. Mit Hohn, Spott und Tadel. In diesem Zeitalter bin ich an der Reihe. Doch, alles passiert unter einer göttlichen Fügung, deshalb gehe ich voller Liebe in den Tod.

Sie haben die Herzgesellschaft in eine Bauchgesellschaft verwandelt. Angst und niedere emotionale Schwingungen sind die Folge.

Wir können es überall sehen, wenn wir ein Auge dafür haben und emotionale Intelligenz besitzen.

Der Konsum hat getötet das Herz der Bevölkerung. Der Bauch ist das Zentrum für den Trieb. Schaut in die Welt hinaus, dreht sich nicht vieles nur um Sex, Besitz und Gewalt?

Die Gesellschaft ist Sklave der linken Gehirnhälfte. Schon in jungen Jahren werden wir dazu trainiert, die rechte Gehirnhälfte zu leugnen. Die Kinder verlieren ganz früh die Gabe zu fühlen und kreativ zu sein. Die akademische Welt verübte dieses Verbrechen an den Kindern. Dies ist Kindesmissbrauch der übelsten Sorte.

Die Herrschenden haben Angst vor der Kraft der Imagination. Sie geben den Kindern Ritalin, weil diese Kinder sich wehren bei diesem System mitzumachen. Nur die rechte Gehirnhälfte kann die Einheit des Lebens wahrnehmen. Sie ist weiblicher Natur.

Zart, schön und Träumerisch, Poetisch. Die Herrschenden geben uns ihre Realität vor und da herrschen die folgenden Grundsätze.

Wer die Macht hat, nur Jenem wird zugehört und sie besagen die Wahrheit. Intelligenz bedeutet bei ihnen gut auswendig zu lernen. Die Kinder sollen nur eine Realität erlernen und dürfen auch nicht aus dieser Realität ausbrechen. Sonst wird man bestraft mit Einsamkeit und Armut. Man darf nicht am gesellschaftlichen Leben teilnehmen. Sie formen unsere Kinder nach ihren bestialischen Normen. Es sollen keine Dichter, Philosophen und Künstler entstehen, nein.

Die Kinder werden alle in ein gewisses Muster gepresst und geformt. Die Menschen sollen denken, sie wären frei. Dieser Typus ist der beste Sklave. Doch ich sage euch, die Arbeiterklasse wird regieren, ganz bald.

Die Eliten, die Akademiker an den Universitäten. Sie sind der Grund für all die Miseren auf der Welt.

Sie sind doch Gebildete Leute oder etwa nicht? Wieso verändern sie die Welt dann nicht? Sie haben doch die Möglichkeiten und Positionen dazu. Sie möchten es eben nicht, sie hassen die Arbeiterklasse, die Armen und die untere Klasse. Doch meine Werke werden dem ein Ende setzen. Ich grüße Herzlichst an dieser Stelle den unsterblichen Geist von Ernesto Che Guevara. Er war ein Liebender und seine Seele kam aus einer sehr schönen Welt. Er ist ein Indigo. Die akademische Gesinnung folgt der linken Gehirnhälfte. Sie sind gegen die Schönheiten der Welt. Es geht immer nur um den Klassenkampf zu allen Zeiten der Welt.

Diese akademische Welt bildet sich ein, dass sie viel Wissen hätte, doch sie wissen nichts, gar nichts. Denn die linke Gehirnhälfte kann nichts neues Erschaffen. Sie kann nur kopieren und Nachahmen.

Die wahren Künstler des Lebens, die Erschaffen haben, sie haben stets die rechte Gehirnhälfte arbeiten lassen oder bekamen ihre Eingebungen von anderen Sphären, wo die akademische Kaste keinen Zugang hat. Die Bildung der akademischen Elite kann unseren Kindern verwehrt bleiben. Wir Liebenden lernen von den Tieren, der Natur und der Existenz. Die Wissenschaftler sind ein Produkt des etablierten Bildungssystems. Sie arbeiten nicht für das Leben. Die Wissenschaften des Establishments können die großen Mysterien des Lebens nicht verstehen. Die Wissenschaftler dienen den großen Konzernen, es geht ihnen nicht um die Wahrheit oder das die Kinder eine schöne Welt haben mögen. Nein, sie sind korrupt und dienen alle dem Mammon.

Die akademische Welt mit all seinen Universitäten möchte keine klar denkenden Menschen, die voller Ekstase und Glückseligkeit sind. Sonst wäre ihr elendiges Spiel schnell vorbei. Die Pharmaindustrie verdient an kranken Menschen, nicht an Gesunden. Stimmt´s?

Es geht ihnen nicht um unsere Gesundheit. Die Schulmedizin möchte kranke Menschen haben um dann unser Geld zu bekommen.

Die Universitäten werden von der Pharmaindustrie kontrolliert und gelenkt. Der Staat ist ein Dämon in Person. Er hat böse Absichten. Er mag nicht, dass wir Heil und Gesund werden.

Der Staat saugt unser Blut aus durch die Steuern, sie sind das Tribut von heute. Die Herrschenden inszenieren stets das Chaos und den Krieg, denn sie lieben es Menschen und Tiere leiden zu sehen. Für die armen Menschen ist kein Geld da, doch für die Kriege, Banken und Konzerne die unsere Umwelt zerstören ist genug Geld da. Genau!

Der freie Fluss wird verhindert in der Welt. Das System möchte, dass seine Bewohner arrogant, ignorant und hirnlos bleiben. Sie sollen wie Roboter funktionieren. Menschen sollen einfach Gesetze ausführen, sie sollen nicht darüber nachdenken, was sie da tun.

Die Staaten der Welt töten Unschuldige auf dem ganzen Globus, wieso sollte nun ein Staat an eurem Wohlbefinden interessiert sein? So fügt euch nicht dem Normalen. Das Normale macht die Menschen krank. Gesund sind jene, die sich nicht der herrschenden Norm fügen. Doch in Liebe nein zu sagen, nicht mit Gewalt. Genau wie es Friedrich Nietzsche tat. Mit Literatur und Gedichten.

Mit wunderschönen Liedern. Die Kunst ist unser einziges Mittel zu leben in Fülle und Schönheit. Wir sind alle die schönsten Götter. Glaubt der Gesellschaft nicht, sie unternehmen alles damit wir unser Selbstwertgefühl verlieren, denn dann sind wir ihre Sklaven, werden Gehorsam weil wir Bedürftig werden und unsere wahre Stärke nicht erkennen. Deshalb möchten sie keine Gesellschaft die das Herz ehrt. Sie brauchen eine Bauchgesellschaft damit ihre perfide Welt fortgeführt werden kann.

Doch damit wird nun Schluss sein.

Das Gehirn hat die Macht übernommen, deshalb all das Leid auf der Welt. All der Konsum und Wettbewerb.

Jenseits der Zeit wurden diese Zeilen für euch geschrieben.

Wenn ich mit dem Verstand schreiben würde, könnte ich auf diese Art nicht schreiben. Das Bekannte fürchtet das Unbekannte. Deshalb hat der Verstand so große Angst vor dem Herzen. Die Menschen sind große Angsthasen. Ihr lautes Gerede zeugt nur von Minderwertigkeit. Menschen, die lieben brauchen keine Macht und sind nicht laut. Sie müssen andere nicht denunzieren oder Nieder treten. Der Verstand ist von dieser Welt.

Das Herz redet von anderen Welten, die nicht sichtbar für den Verstand ist. Deshalb hat die Masse so große Furcht vor dem Herzen und so Leuten wie mir. Die Macht des Herzens ist unzerstörbar. Liebe kommt aus dem Herz, der Trieb aus dem Bauch. Die Welt verehrt den Trieb, dies kann man überall beobachten.

Die Gesellschaft ist voller Angst, voller Hassgefühle weil sie die Wege des Herzens umgeht. Die Menschen nehmen Drogen und Alkohol weil sie das Herz nicht spüren möchten.

Das Herzbewusstsein muss Führer sein, sonst führt sich all das Leid fort. Wenn man die Wärme des Herzen spürt, kann man die Einheit des Lebens fühlen und könnte dann keine Tiere essen oder andere Wesen ausbeuten. Man muss den Seelenlosen ins Gesicht lachen, dies wird sie zerstören, denn sie ernähren sich von niederen Leidenergien. Sie wollen, dass wir auch voller Wut werden, genau wie sie.

Dort, wo nicht der Geist eine Gesellschaft führt, da wird keine schöne Kunst entstehen. Die wahren Künstler erschaffen aus dem Herzen. Wir sind ewige Wesen, wir machen nur kurze Erfahrungen hier in der Welt. Da sollten wir uns um die bedingungslose Liebe widmen.

Die Angst der Menschen bildet die Macht der Herrschenden.

Wenn wir zur Liebe finden, dann haben sie keine Macht mehr.

Die Weisheit der Dichter und Künstler überdauert Jahrhunderte, doch die Seelenlosen werden vergessen sein nach ihrem Tode. Menschen die fest im Intellekt verankert sind, zählen ganz oft zu den Stützen dieser Ordnung, des Systems. Sie sind Gefangene der linken Gehirnhälfte und finden sich in allen Führungspositionen wieder. Jene, die ihnen Gehorsam sind, in den ganzen Firmen sind ihre Sklaven. Sie sind Sklaven des Intellekts und haben keine Herzensenergie in sich. Sie sind die Terroristen des Lebens. Kalt ihre Augen, kein Licht bewohnt ihre Aura.

Wer Augen dafür hat kann es sehen. Die Herrschenden in der Politik, in der Wirtschaftswelt, an den Universitäten wissen dies. Deshalb sind Menschen deren Herzfrequenz wunderschön ist gefährlich für diese Leute und Menschen mit Herz schaffen es nicht nach oben in ihrer kalten Welt.

Die Masse der Menschen verehren die Leute, die dem Intellekt dienen, der linken Gehirnhälfte. Sie sind nur an Sinnesbefriedigung interessiert. Die intellektuelle Herzlose Welt wird den Menschen aufgezwungen und die meisten haben kein Bewusstsein, deshalb sind sie gefundenes Fressen für die Sklavenhalter der Welt. Man lässt die Menschen denken, sie wären frei, doch dies basiert auf einer Lüge.

Wenn die Menschen ihr Herz öffnen könnten, würde das Kartenhaus der Regierenden zusammenfallen, doch dafür braucht es sehr viel Mut. Doch meistens steht das Ego der Menschen ihnen im Wege.

Die Menschheit betrachtet aus der Sicht des Kollektivs möchte keine Selbstkritik ausüben. Doch wie soll nun die menschliche Evolution geschehen wenn man nicht die Gabe hat sich selbst zu reflektieren? Und sieht, dass die Art wie die Menschen leben die niedrigste Form in der Evolution ist heutzutage.

Doch, die Menschen möchten sich nicht ändern, sie denken wenn sie nur die Symptome behandeln und jene wegsperren die ihnen die Blumen des Lebens zeigen, wie ich, dann wird alles gut werden.

Doch ihr werdet in naher Zukunft als Menschheit sehen und fühlen müssen, dass ihr daneben liegt und immer gelegen habt!

Das Leid wird euch hoffentlich dazu bringen, dass ihr euch ändern werdet zum Guten. Denn das Leid ist der größte Lehrer. Wenn ihr es auch dann nicht verstanden habt, ist der Untergang eurer Zivilisation das Schicksal welches ihr euch selbst geschaffen habt. Ihr wollt einfach nicht hören. Ihr folgt eurer Angst und jene Furcht lässt euch Dinge machen die gegen die Freiheit ist. Ihr seid Gehorsam euren Vorgesetzen und den großen Konzernen, jene die unsere Kinder Zukunft zerstörten. Seht ihr denn nicht? Begreift ihr denn immer noch nicht? Sie können euch nicht ausstehen, sie nutzen nur eure Arbeitskraft, sie beuten euch seelisch und körperlich aus.

Für die Herrschenden seid ihr elende Wesen.

Doch ich sage euch, ihr seid die schönsten Götter. Hört einmal in eurem Leben auf die schönen Geister, die vom Leben geschickt werden um euch zu Heilen. Eure Kinder würden sich sehr freuen, glaubt mir dies. Wir kommen aus dem Lande der Regenbogen, die Kinder lieben die Regenbögen.

Wir Menschen haben die Macht abgegeben. Sie können nun mit uns tun und lassen was sie möchten. Jedoch, sind die Regierenden Seelenlose, so werden sie Seelenlos mit uns umgehen.

Es wird ganz still werden auf der Welt in den nächsten Jahren. Sie haben uns in der Hand, und die Masse liebt seine Hirten, die ihn versklaven und sie machen alles mit was die Seelenlosen einfordern. Weil sie vom gleichen Schlag sind.

Ich könnte hier an dieser Stelle noch mehr schreiben, doch bringe ich es nicht übers Herz was ich alles sehe in naher Zukunft. Es sind keine schönen Bilder. Es geht um die Seele des Menschen. Um Macht.

Jene, die nicht in ihre Seele und nicht in die Liebe investiert haben und sich nur um das Materielle jeglicher Form gekümmert haben, wird ein böses Schicksal plagen.

Lest das Buch: „Wider den Gehorsam" von Arno Gruen oder „Furcht vor der Freiheit" von Erich Fromm. Dies sind soziologische und psychologische Analysen über die Psyche des Menschen. Die Menschheit im Kollektiv hasst die Freiheit und möchte sich nicht der Freiheit, der Liebe widmen. Die meisten Erwachsenen sind noch Kinder und schreien nach diversen Autoritäten. Sie fügen sich den Autoritäten, sie sind ihre Eltern.

Das Urteil ist gefällt für die Menschheit im Kollektiv. Man kann es nicht mehr umgehen, nur noch eventuell das verheerende Urteil mildern, wenn die Menschen sich heute noch radikal ändern würden. Wenn sie sofort mit dem Fleischfressen aufhören würden.

Doch ich kenne euch, ihr werdet euch nicht ändern. In den nächsten Jahren werden immer mehr Menschen aufeinander losgehen.

Die Gewalt wird zunehmen. Sie werden auf die schönen Seelen losgehen. Am meisten werden jene leiden, die nur für den materiellen Reichtum gelebt haben. Die sich mit der Materie identifiziert haben. Die Weggesehen haben wie die Tiere getötet wurden oder Gehorsam ihren Herren waren wie der Staat oder der Chef auf der Arbeit oder der Vorgesetzte.

Die Mittelklasse hat die Untere Klasse unterdrückt, sie haben sich geekelt vor ihnen und sind der Oberen Elite in den Hintern gekrochen. Sie wird es am Härtesten treffen, wenn sie ihren Reichtum verlieren werden. Das Leben funktioniert nun mal mit den Gesetzen der Ursache und Wirkung. Diese Gesetze habe nicht ich gemacht. Das Leben wollte sehen, wer gibt, wer teilt.

Das Leben ist mit den Gebenden, mit den Liebenden. Doch hier in Deutschland hängen bei den Menschen die Gesichter, sie sind sehr lang und man arbeitet wie Roboter nur für sein eigenes Bankkonto. Die Habgier und der Narzissmus bildet die Norm. Jene die voller Güte und Herz sind, können in Deutschland nicht überleben unter diesen Normopathen. Sie sind zu viele.

Sie würden alles tun um dieses unmenschliche System am Leben zu halten. Hütet euch vor ihnen. Sie kommen im Namen des Guten und reden Tugendhaft. Doch sie sind die schlimmsten Dämonen. Ihre Geister sind Besetzt von dunklen Energien. Ja, ihr habt die liebenden Seelen aus eurer Welt eliminiert, wer soll nun die Welt heilen?

Wer soll nun die Tiere und die Natur schützen? Die Seelenlosen? Bestimmt nicht. Dies war das Ziel der Herzlosen, alles Göttliche auf Erden zu zerstören. Eine künstliche Welt aufzubauen. Das männliche Prinzip des Lebens hat zerstört alle Schönheiten des Lebens.

Ja, die Hexenverfolgung in der Geschichte war kein Zufall.

Die weisen Frauen wurden vernichtet, die von der Quelle des Lebens wussten, die Zugang zum göttlichen Wissen hatten. Heute machen sie es mit Menschen wie Mir. Es gibt viele von meiner Sorte, doch die meisten wissen es selbst nicht, welch Schönheit in ihnen schlummert. Sie werden von der Matrix manipuliert. Es gibt für die Liebe nur das Wandeln auf den Wegen des Herzens. Ihr könnt aus uns keine Kapitalisten machen, keine Onkel Toms. Es ist unmöglich.

Wir sind Indianer.

Die Zivilisation des weißen Mannes beruht auf Neid und Gier.

Wir Liebenden sind unzivilisiert, wir passen nicht in diese Welt und wollen auch nicht hinein passen. Es wäre ein Verrat an unseren Vorfahren. Eure Zivilisation wohnt auf der niedersten Stufe der menschlichen Evolution, die Welt des weißen Mannes.

Die zivilisierten Welten sind alle auf Lügen aufgebaut. In den Schulen wird den Kindern ihre Unschuld genommen.

Ja, meine Dichtungen können heilen, weil sie durch viel Leid und Kummer gegangen sind. Diese Gedichte die ihr nun zu Händen habt und lest wurden verspottet von der weißen Welt.

Doch im Leid, die Heilung. Diese Schriften werden euch heilen. Wir Schamanen und Indianer kämpfen nur, wenn wir angegriffen werden, um uns zu verteidigen. Angriffskriege sind uns fremd. Doch das männliche Prinzip zu leben, der weiße Mann möchte überall seine Kultur missionieren und hinbringen.

Das Ergebnis sehen wir ja heute auf der Welt. Wo immer der weiße Mensch seine Kultur hinbrachte, dort entstand Gewalt in Form von Konkurrenz und Wettbewerb. So geht es immer um die Handlung.

Es geht nicht ums Aussehen, niemals. Wer wie ein weißer Mensch denkt, kann kein Liebender sein. Die Regierungen sagen euch was ihr zu tun haben sollt, und die breite Masse folgt den Befehlen.

Wie wollt ihr auf diese Weise zu Indianern werden? Es ist unmöglich. Der weiße Mann möchte bequem leben auf Kosten anderer.

Die Ausbeutung ist ihm heilig. Er kann nicht zur Liebe finden. Nicht auf diese Weise. Nur jene die ein Insekt, eine Blume oder einen Hund als Verwandten ansehen, als ein ebenwürdiges Wesen, nur jene können zur Liebe finden und werden überleben in der Zukunft.

Alle anderen wird es leider hart treffen. Denn, in der heutigen Zeit wo die Menschen zu jeglichem Wissen zugreifen können, gibt es keine Ausreden mehr.

Seht her, ich bin hier, verkünde das Wort der Mutter Erde. Doch die Menschen ignorieren es und widmen sich weiter dem blinden Vergnügen und beten ihre Politiker an, ihren Geldbeutel, ihren Magen, ihr Bankkonto. Meint ihr denn wirklich, dass der weiße Mann davon kommt in seiner Ignoranz gegen das Leben?

Nein, gewiss nicht, denn Mutter Erde ist beseelt und merkt sich alles. Wenn die Menschheit die Probleme der Welt nicht auf die Art und Weise wie ein Dichter, Schamane, Indigo oder Indianer angeht, wird er weiterhin untergehen. Ja, die verrückten Weißen haben leider Gottes, die Macht auf Erden. Sie haben keine Empathie für Mutter Erde. Sie ernähren sich von jeglicher Leidensenergie. Sie möchten nicht, dass Alle genügend zu essen haben und ein menschenwürdiges Leben führen können ohne Ausgebeutet zu werden. Denn Gottes Wille ist, dass es keine Klassengesellschaften auf Erden gibt, keine Ausbeutung jeglicher Art. Die Zeit ist nun abgelaufen für den weißen Menschen. Gott ist geduldig, doch sehr Präzise wenn es um die Abrechnung geht. Ihr, die Weißen mit dem Columbus Denken wie ich sie nenne, habt die Macht auf Erden, dies alles ist euer Werk, nicht unseres.

Wir hatten und wollten nie Macht über andere haben. Ihr Weißen habt euch selbst zerstört. Die Christen, Juden und Muslime sind das Werk des weißen Mannes. Sie gehören zu einer Familie. Dies betone ich sehr oft, damit es verständlich wird. Die Mutter Natur ist Gott selbst. Ungläubigkeit bedeutet gegen Mutter Erde zu sein.

Nun schaut euch eure Welt an. Überall wird Mutter Natur bekämpft und die Tiere werden geschlachtet und gefressen. Aber danach in die Kirche oder Moschee zum Gebet rennen. Wie falsch bist du nur weißer Mensch? Schaut euch eure Großstädte an, sie wurden von Weißen errichtet. Schaut genau hin. Ihr werdet da stets Geschrei und Getümmel sehen. Die vielen Autos, die Polizei, der viele Schmutz und die negativen Energien. Dies ist die Realität des weißen Menschen und er ist stolz auf so eine grausame Welt.

Braucht es denn mehr Beweise?

Und genau, dies macht die Menschen ängstlich und sie haben Furcht vor mir und meinen Büchern. Denn, ich zeige ihnen ihre falsche Realität. Sie zeigen mir immer dann nur die Fratze des Hasses.

Mehr haben sie nicht zu geben. Leider. Ich rede vom sechsten Sinn, er lässt mich schreiben diese Werke.

Doch die Menschen in euren Welten bedienen sich nur den fünf Sinnen. Dann ist es ganz einfach getäuscht zu werden von den Herrschenden, denn das Auge des Herzens ist nicht am Leben bei euch in der Welt. Herzlose Menschen können sehr gut ausgebeutet werden. Sie mögen vielleicht in schönen Häusern wohnen, doch ein Sklave ist und bleibt ein Sklave, da er den Herzlosen dient.

Du mein verehrter Leser sollst wissen, dass nichts per Zufall geschieht in dieser Welt, gar nichts.

Ich habe nicht viel Geld, muss immer wieder meine Klamotten verkaufen um diese Bücher schreiben zu können. Ich stehe Nackt da. Die Gesellschaft sieht meine Bücher und doch schauen sie weg.

Sie wissen um das Mysterium welches in meinen Büchern versteckt ist. Deshalb lassen sie mich leiden, doch mein Geist ist wunderschön, so können sie einem nichts anhaben. Eure Technologie verwendet ihr für zerstörerische Zwecke, nicht im Dienste des Lebens.

Ja, der weiße Mensch ist in die Natur eingedrungen wie ein Barbar, ein Despot. Er hat getötet und verwüstet. Dies alles wird natürlich wieder zu ihm zurück finden.

Die Handlungen in den Industrieländern sind nicht Synchron mit den Gesetzen der Mutter Natur. Deshalb gibt es so viele unglückliche Menschen hier. Deshalb sind die Herzen der Menschen zerrissen hier, man kann es sehen wenn man Augen dafür hat.

Nur wer im Dienste der Gesellschaft handelt, wird Segen erfahren. Doch bei euch regiert der blanke Wahn des Narzissmus. Auf diese Weise werden die Kinder bei euch Erzogen. Denn der weiße Mann hat große Furcht vor der Freiheit, deswegen mag er die Wahrheit nicht wissen. Er verleugnet den großen Geist. Der weiße Mann lebt nur für diese Welt und für den Besitz. Er kennt keine andere Welt.

Ja, Europa wird ein böses Schicksal erwarten, da sie nicht auf uns gehört haben. Wir kommen aus anderen Welten, und warnten euch, doch kein Gehör. Wir sind Geistwesen und kommen von anderen Bewusstseinsebenen.

Wir sind nicht gleich mit Euch. Der Punkt wurde längst überschritten, wir können die Katastrophe nicht mehr verhindern. Es wird Bergab gehen. Die Natur redet zu den Menschen, doch sie hören nicht. Mutter Erde weint jeden Tag. All das Geschäftsdenken, die Geschäftemacherei, der totale Konsum hat Erblinden lassen die Menschen.

Die Menschen werden bestrahlt werden in den nächsten Jahren was zu viel Leid führen wird. Wenn die Menschheit nicht sofort aufwacht, wird es sehr schlimm werden für sie. Doch egal was passieren mag, der Sieg des Lichts gegen die Finsternis ist gewiss am Ende des Leids. Sehr schmerzvoll wird der Übergang werden.

Früher haben die Herren ihre Sklaven ausgewählt und gekauft, heute wählt das Volk ihre Herren selbst und nennt dies Demokratie.

Wir sind alle Sklaven, wer etwas anderes behauptet ist Anhänger der Herren, der Könige. Geliebte Kinder, sie werden in den Schulen von Bildung und Wissen sprechen, doch sie lügen wie gedruckt. Es geht ihnen nicht um Bildung.

Seht her! Diese Werke sind Meisterwerke der Literatur, doch sie scheren sich nicht darum. Ich lebe in Armut und habe nicht mal Geld manchmal Bücher zu kaufen. Für jeglichen Mist haben die Menschen Geld, aber nicht für das heilige Wissen. Vor allem den Migrantenkindern geben sie das Gefühl, dass sie nicht ein Teil dieses Landes sind. Sie zerstören die Geister der Migrantenkinder in jungen Jahren. Sie sehen euch als Steuerzahler oder Arbeiter, mehr seid ihr nicht in deren Augen. Wer Sehen kann wird es fühlen.

Verwundet das Herz zwischen den Zeilen, der innere Kampf ist zermürbend und Selig zugleich. Der Schmerz die Linderung für all die Wunden, die verübte die Gesellschaft an einem.

Nein, der wahre Schriftsteller passt nicht hinein in diese Welt, er kommt von anderen Sphären.

Die Menschen nennen dies Geistesgestörtheit, doch diese Künstler bringen das Leben vorwärts. Der Schriftsteller gehört zu keiner Partei und zu keiner Institution.

Er schreibt für das Wort, gegen die herrschende Norm. Sein Schicksal ist das Kreuz des Durchschnittmenschen.

Sein Licht wird bekämpft zu allen Zeiten der Welt, denn das Dunkle kann das Licht nicht ausstehen. Der moderne, unmoderne Mensch begehrt nur noch die materiellen Güter.

Das Auge seines Herzens ist verschlossen. Die Tiere wollen respektiert und geliebt werden, und weil der moderne, unmoderne Mensch eine Welt erschaffen hat, in der die Tiere ermordet und gefressen werden, deshalb sieht man in den Augen des modernen, unmodernen Menschen keine Göttlichkeit.

Die Seele hat sich von seinem Körper gelöst. Sie leben zwar noch, doch sie haben keine Schönheit mehr, die ihren Körper bewohnt.

Die Welt heute ist das Werk des modernen, unmodernen Menschen. Naja, zu einem Menschen ist er noch nicht geworden. Doch gewaltige Naturkatastrophen werden ihn in den nächsten Jahren plagen.

Mutter Natur ist sehr geduldig, doch auch ihre Geduld hat eine Grenze. Die göttliche Reinigung wird stattfinden oder ist bereits im Gange, doch alles geschieht unter einer göttlichen Fügung.

Der weiße Mensch hat einfach nicht aus seinem barbarischen Handeln gelernt. Sein Lebensstil ist gegen das Leben, gegen die Liebe. Er hat viele Kredite bekommen vom Schöpfer, nun wird er die Rechnung bitter bezahlen müssen. Der Kampf um die materiellen Güter, im Westen vor allem, hat die Welt zerstört. Die Mutter Natur möchte im gewöhnlichen Zustand gelassen werden, damit sie blühen kann, doch der weiße Mensch weiß davon nichts. Ich bin ein Medium der Mutter Erde.

Ich zeige euch nur auf, falls ihr weiterhin diesen Lebensweg geht, werdet ihr krank bleiben im Kollektiv. Ich schreibe die Erklärungen der Ursachen auf eurer niederen Welt. Die Menschheit ist ganz tief gefallen, sie wohnt auf der untersten Stufe der Evolution.

Ja, die anonyme Autorität hat die Menschen fest im Würgegriff.

Der Durchschnittsmensch, den ihr draußen seht, ja er ist Sklave der Autoritäten. Das Traurige an der ganzen Sache ist, die, dass der Durchschnittsmensch denkt, er wäre frei. Doch er ist überall in Ketten. Die anonymen Mächte des Marktes, der Wirtschaft und der Gewinnzwang fordern, dass man Gehorsam ist und die Meisten tun dies. Nur weil man in einer schönen Wohnung wohnt oder teure Autos fährt, bedeutet dies nicht, dass man frei ist. Um diese Sachen zu besitzen verkaufen die Menschen ihre Seelen und sind Sklaven dieser anonymen Mächte. Dies nennen sie dann moderne Welt.

Ich könnte Tag und Nacht weinen um euch. Denn ihr seid Ignorant und Arrogant in eurem Erstreben, in eurer erbärmlichen Welt und lässt Tier und Natur leiden. Eure Habgier zerstörte die Welt.

Im Bestreben mehr Geld zu verdienen wohnt eine große Gewalt gegen das Leben. Die Habgier lässt Mutter Natur leiden, Menschen belügen und bestehlen sich gegenseitig. Die Armen werden ausgebeutet. Das ist was uns tötet als Menschheit. Die Habsucht und die Gier. Wie könnt ihr nur in Ruhe schlafen, während dies alles auf der Welt passiert? Ich frage euch. Ihr nehmt mindestens dreimal am Tag Nahrung auf zu euch, während Kinder verhungern. Wie könnt ihr so Ignorant sein.

Naja, vermutlich stimmt wieder etwas nicht mit mir, wie jedes Mal. So höre ich euch wieder reden.

Selig ist das Wasser, es bedeutet Leben.

Bitte, lasst die Fische in den Meeren in Ruhe. Wisst ihr wie qualvoll sie sterben? Doch wenn man sich Euch nur ein wenig zu Nahe kommt, schreit ihr sofort auf und rennt zum Anwalt.

Denn eure Justiz steht im Dienste des weißen Mannes, der Mächtigen und Reichen. Eure Gerichte sind gekauft und sind gegen die Mutter Natur und arbeiten zusammen mit den großen Konzernen die unsere Luft verpesten und die Mutter Erde zerstören. Doch die Naturgesetze kann man nicht betrügen. Sie werden zurück schlagen und jene in den Tod reißen, die Mutter Erde leiden gelassen haben.

Eure Welt hat das Wasser vergiftet und dort wo das Wasser vergiftet ist, werden vergiftete Menschen leben und sich gegenseitig Denunzieren. Sie übernehmen die Eigenschaften des vergifteten Wassers. Eure Gesetze, eure Gerichte und Regierungen werden verlieren gegen die Naturgesetze, ihr werdet sehen, diese Tag werden bald kommen und ihr werdet Bitter leiden müssen. Das Gesetz von Ursache und Wirkung.

Gesandt wurden wir in diese Welt mit den gleichen Körpern, doch die Seelen sind verschieden. Manche haben wunderschöne Seelen, die meisten sind Seelenlos und viele hängen in der Mitte, sie gehören ebenfalls der Dunkelheit.

Der große Geist schickte uns auf die Erde, sie wollte sehen wer die schöneren Werke erschaffen wird.

Farbenfroh die Welt der Erschaffenden, schönen Seelen.

Sie dienen dem Leben der Schönheit. Die Seelenlosen dienen der Dunkelheit, es ist ihre Bestimmung. Sie kennen nur diese Art und Weise zu leben, deshalb der Hass auf die schönen Seelen in dieser Welt, deshalb ihre Folter gegen alles Göttliche, gegen die Tiere, gegen die Mutter Natur, gegen uns Dichter und jene die von der prophetischen Botschaft schreiben und wunderschöne Bilder malen wie Vincent Van Gogh.

Der Durchschnittsmensch ist leider Personal der Seelenlosen, die diese Welt regieren. Es ist ihre Welt. Doch die Liebe wird immer gewinnen am Ende der Geschichte. Es war der Wille des Volkes damals Jesus zu kreuzigen. Die Hohepriester waren nur die Ausführer des Willens der Masse. Genauso ist es auch Heute.

Sie verhöhnen und kreuzigen mich auf die Art und Weise wie man es heute macht. Heute ist das Kreuz die Armut, ins Lächerliche gezogen zu werden und das Ignorieren der Bücher. Als psychisch krank abgestempelt zu werden.

Die Masse tötet stets zu allen Zeiten, die schönen Geister.

Schaut in die Geschichte und nach ihrem Tode werden diese schönen Seelen verehrt und angebetet. Welch ein perfides Spiel!

Deshalb möchte ich mit dem Gesindel, welches man Volk nennt nichts zu tun haben. Ich kenne sie sehr gut, auch aus früheren Leben.

Die Masse sieht die Verbrechen an den schönen Wesen und an den Tieren, doch sie schweigt. Sie macht nur Lärm um Sinnlose Dinge.

Wir leben auf einem Planeten der Tränen.

Doch wer in der Einsamkeit die Glückseligkeit erfährt, den kann niemand Bezwingen. Nur in der Einsamkeit kann man frei werden von all den Fesseln der Gesellschaft.

Der Materialismus schneidet die Menschen von der geistigen Welt ab, deshalb ist die Materie so heilig in der Welt der Seelenlosen.

Ihr sollt konsumieren, damit ihr nicht das Geistige sehen könnt.

Auf dies Weise hält man euch gefangen im Körper. Deshalb werden die Sportler von der Industrie gefördert und ihnen werden Millionen in den Rachen geworfen, sie sollen euch mit ihren Wettbewerben beschäftigt halten und Leid erzeugen durch den Konkurrenzkampf. Ihr sollt euch von eurem Herzen entfernen, in deren Augen.

Das Ende alles Schönen ist das Ziel der Seelenlosen. Die Liebe zum Toten ihre Devise. Die Eliten und Seelenlosen haben Gefallen daran wenn Kinder verhungern oder Tiere und Bäume gequält werden.

Sie geben den Menschen Geld was nicht existiert und nehmen die Zinsen ein. Wir müssen uns wehren. Wenn es im Herzen kein Licht gibt, dann ist herzloses Verhalten die Folge.

Die Schulen lehren, dass die linke Gehirnhälfte heilig ist. Die Kinder werden von ihrer Intuition und vom Staunen und Hinterfragen getrennt. Die Schulen sind ein Gefängnis. Oder durften sie damals fern bleiben vom Unterricht? Nein, man muss zur Schule gehen. Dort wird unsere Unschuld getötet.

All die Kreativität und Göttlichkeit. Die funkelnden Augen.

Durch Schulden werden wir in der Sklaverei gehalten. In den Privatschulen werden die Herrschenden ausgebildet und in den normalen Schulen die Sklaven. Dies alles wird bald ein Ende haben. Meine Werke werden diese Welt aufräumen. Die Göttlichen Wesen werden siegen. Mit dem Schubladendenken werden die Menschen gespalten, damit sie keine Einheit gegen die Eliten bilden können. Von unseren Steuergeldern werden Kriege bezahlt. Die großen Konzerne zahlen nicht so viele Steuern, sie saugen aus unser Blut. Hört auf Steuern zu zahlen. Steuern sind ein Tribut wie im alten Rom. Sie beklauen unser Recht und nutzen diese Gelder für ihre perfide Politik. Die meisten Menschen haben keine eigenen Gedanken mehr, sie stehen unter Gedankenkontrolle des Programms der Herrschenden. Sie würden alles tun um dieses System am Leben zu halten.

Die Religionen huldigen den falschen Gott, nicht den Liebenden. Wenn sie doch den liebenden Gott anbeten würden, wäre die Welt nicht voller Leid oder? Denkt darüber nach. Und nehmt eure Kinder von den Schulen, unterrichtet sie Zuhause und in der Mutter Natur. In den Schulen werden sie programmiert zu herzlosen Maschinen und ihnen wird die Unschuld geklaut. Sie werden dazu programmiert, nichts zu hinterfragen und nur die linke Gehirnhälfte zu nutzen.

Sie sollen zu destruktiven Robotern werden. Wenn ihr die Kinder von den Schulen nehmt, dann werdet ihr sehen, sie werden wieder gesund werden. Schulen sind dazu da, um die Kinder an den Gehorsam zu gewöhnen, damit sie sich den Autoritäten fügen. Es geht nicht um Bildung oder Weisheit. Das Schulsystem wurde von der katholischen Kirche gegründet, hier in Deutschland. Es geht nicht um das Wohl der Kinder. Nein, im Gegenteil, sie sollen zu Sklaven der Gesellschaft werden, der herrschenden pathologischen Norm.

Wenn man in Deutschland die Kinder nicht zur Schule schickt, werden sie mit der Polizei kommen und die Kinder mit Gewalt zur Schule bringen. *Ich dachte wir leben in Freiheit?*

Eure Welt, die Welt der Herzlosen ist einfach abscheulich. Jeder, der sich nicht der herrschenden Ordnung fügt, wird platt gemacht.

Dies ist die Welt in der wir leben. Schaut sie euch nochmals genau an. Schaut hinter die Kulissen. Bildung sollte man sich selbst beibringen von den großen Lyrikern und Dichtern und nicht von den Schulen. Die meisten Menschen sind programmiert vom System, ihre Herzen sind nicht mehr in ihren Körpern. Sie haben ihre kindliche Unschuld verloren, so läuft der Krieg heute.

Nicht mehr mit Panzern und Gewehren, sondern mit der Programmierung der herrschenden Norm. An den staatlichen Schulen werden die Sklaven dieser Gesellschaft ausgebildet, während an den Privatschulen die Reichen und späteren Führungspersonen ausgebildet werden.

Ich dachte, wir leben in einer Welt, wo jeder die gleichen Chancen hat? Die Hierarchie beginnt schon bei Geburt, im Kindergarten und in der Schule.

Der soziale Druck verhindert, dass es so wenig Genies geben kann.

Dies ist kollektiver, psychologischer Faschismus.

So wird die Gesellschaft von den Leuten gelenkt, die keine Liebe in sich haben, jedoch sich selbst für sehr Toll und Groß halten.

Wir sollen ihre Sklaven sein, jener Programmierer der Gesellschaft. Doch, damit ist nun Schluss.

Wir sollen arbeiten, kaufen, konsumieren und sterben und dies alles in der Art und Weise wie sie es uns vorschreiben.

Nein, meine Werke werden diese Sklaverei beenden. Meine Waffe sind diese Bücher, mehr habe ich nicht. Sie lassen uns für einen Hungerlohn sehr lange arbeiten, damit wir nicht klar denken können, damit wir immer beschäftigt sind, so sehet der Realität ins Auge.

Es ist Zeit. Denn die Menschen sind in einem ganz festen Schlaf. Sie werden bald erwachen aus ihren Träumen und Illusionen, doch dann wird es zu spät sein. Sie haben die Zukunft ihrer Kinder geopfert für ein wenig Futter, welches sie von den Herrschenden bekommen haben. Sie haben die schöne Zukunft der Kinder umgebracht.

Die Machthaber werden die Menschen in den kommenden Jahren noch sehr viel Drangsalieren und leiden lassen. Doch wie öfters gesagt, wer meinen Worten nicht zuhört, der wird viel Schmerz erleiden müssen, denn ich rede aus prophetischen Ebenen, das Wort kommt aus höheren Dimensionen, das Licht soll die Masse heilen, doch sie kreuzigen das Schöne und folgen ihren Henkern und machen alles Brav mit, was man ihnen sagt!

Die Welt der Seelenlosen, jene Welt, die ihr draußen seht, möchte, dass es arme Menschen gibt. Doch die Liebenden möchten, dass es keine Armut mehr auf der Welt gibt, denn im Reichtum des Reichen wohnt das Recht der Armen. Die kalte Welt der Seelenlosen Wesen möchte immer die Klassengesellschaften pflegen, sie braucht sie für ihre Machtspiele. Es gibt die Programmierer der Gesellschaft, die Herrschenden. Und es gibt jene, die dieser Programmierung zustimmen und dienen. Dies bildet die Mehrheit des Volkes.

Ihr seht also, die Menschen beschimpfen meistens die Politiker und Herrschenden, doch sind sie es selbst mit ihrem Verhalten, ihrem Gehorsam, die diese Seelenlose Welt produzieren.

Die Herrschenden stellen die Fallen, das Volk führt die perfiden Pläne aus. Eigentlich ist die Gesellschaft der Henker der schönen Seelen. Siehe Jesus von Nazareth. Schaut euch die Gesellschaft an, jene die ihr bewohnt. Im Alltag sehen wir überall Herren und Sklaven. Es geht nur darum um einen gewissen Zweck zu erlangen in den Handlungen. Es geht nicht um bedingungslose Liebe.

Man wird zum Objekt degradiert. Weil die Staaten den Krieg brauchen, müssen sie die Menschen spalten in Nationen und Religionen. Für Panzer, Waffen, Banken und große Konzerne ist Geld vorhanden, doch für die Obdachlosen und Bedürftigen keines. *Doch all das Geld der Reichen gehört den Obdachlosen und Armen.*

Der Tag wird bald kommen, wo wir uns unser Recht holen werden. Ich bin die Stimme der Armen und Notleidenden.

Wir Beseelten müssen einander Lieben oder wir werden alle Sterben in der Hand von den Regierenden. Wenn wir nicht Gehorchen, kann auch niemand regieren.

Die Dunkelheit, die diese Welt regiert möchte, dass wir zu Kriegern erzogen werden ob in der Schule oder im Beruf. Alles ist auf Wettbewerb und Konkurrenz aufgebaut. Indem die Menschen dies mitmachen unterstützen sie das Dunkle, das Böse.

Ja, es könnte ein Leben voller Frieden und Gerechtigkeit geben, doch basierend auf dem freien Willen hat sich die Menschheit heute für das Böse entschieden. Für den Narzissmus. Niemand hat das Recht ein anderes Lebewesen zu töten. Doch schau in die Gesellschaft wo du lebst, dort wird das Tiere töten angehimmelt und die Kaufhäuser sind voller Tierleichen, voller Leidensenergie.

Denn, die Nekrophilen Menschen ernähren sich von Leid.

Meine Bücher sind Liebesenergien an euch, sie dienen der Biophilie. Die Liebe zum Lebendigen. Die Zeit der Inquisition ist nicht vorbei. Zwar gibt es den Scheiterhaufen nicht mehr, doch die schönen, zarten Seelen werden mit den Foltermethoden der heutigen Zeit verfolgt und denunziert. Siehe mein Leben. Das Böse tarnt sich auch meistens unter dem Deckmantel der Hilfsorganisationen.

Das Böse kommt meistens getarnt in schicken Klamotten und in einem tugendhaften Gestus. Die Kirche bringt am meisten Unheil in diese Welt. Sie regieren in fast allen Bereichen. Die Religionen, siehe die heutigen Muslime und Juden dienen der Kirche. Sie gehören alle zu einer Familie. Was meint ihr warum es die Kirchensteuer gibt? Der Vatikan ist der reichste Staat der Welt. All die Politiker dienen dem Vatikan. Sie werden speziell vom Vatikan ausgesucht. Auch die Opposition. Und auf der anderen Seite verhungern die Kinder. Wacht endlich auf.

Wir leben in einer Epoche der Menschheit, wo jedes Individuum eine Entscheidung treffen muss. Eine Entscheidung zwischen Licht und Dunkelheit. Falls die Menschen diese Entscheidung nicht treffen möchten und die Verantwortung abgeben, und sich weiter nur der Materie und dem Vergnügen widmen, dann werden verheerende Ereignisse in der Zukunft sie dazu zwingen eine Entscheidung zu treffen. Widmet man sich dem Schönen, dem Lebendigen oder dem Destruktiven, der Nekrophilie.

Alles auf dieser Welt basiert nur in der geistigen Ebene.

Die Welt ist eine Theaterbühne zwischen der Schönheit und dem Bösen. Die Geschehnisse basieren alle auf dem Gesetz der Ursache und Wirkung. All die Prominenten und Sportler, die ihr im Fernsehen seht und von den Menschen vergöttert werden.

Ja, sie wurden von der Dunkelheit gekauft und diese Menschen haben ihre Seele verkauft. Sie haben ihre Seelen verloren, womöglich hatten sie nie Eine.

Es gibt nur ganz wenige Ausnahmen. Der Menschensohn hat sich im Kollektiv rückwärts bewegt in der Bewusstseinsentwicklung.

Er bewohnt die niedrigste Ebene.

Den bösen Geistern geht es in dieser Welt blendend. Sie kommen weit nach Oben im Beruf und erlangen Macht und Reichtum.

Sie sitzen an den hohen Ämtern. Nur jene, die zur Liebe finden, können diese Spiele durchschauen. So findet zur Liebe in euch, und all die Sklaverei wird ein Ende nehmen. Ihr seid Götter.

Wir wurden Entmenschlicht. Die Möglichkeit uns frei zu äußern, frei zu denken, frei zu leben ist immer weniger geworden. Sie machen uns zu Objekten, damit wir benutzt werden können für Politik, Wirtschaft und die Pharmaindustrie.

Wir sind zum Spielball für große Konzerne geworden. Der Mensch ist zu einer Ware und Nummer geworden. Wird es nicht endlich Zeit sich von diesen Ketten zu befreien? Wie lange soll dies noch weitergehen? Spüren die Menschen nicht die Sklaverei im Geiste?

Der Einzelne fühlt sich immer Ohnmächtiger und man wird zum Massenmensch degradiert ohne jegliche Bedeutung. Umso niedrig schwingender die Energie der Menschen, desto mehr freut sich die Konsumindustrie. Sie brauchen dumme Menschen, die keinen Kontakt mehr zu ihrer Herzintelligenz haben, damit sie viel konsumieren um ihre Leere füllen zu können.

In dieser Gesellschaft zählt nur der ökonomische Faktor!

Nur jene, die Erfolg in einer von Grund auf Kranken Gesellschaft haben, die Tiere töten, die Menschen krank machen werden angehimmelt von der Herde die man Gesellschaft nennt und sie baden im Geld. Es gilt nur das Gesetz der Gewinnmaximierung, dieses Gesetz ist Heilig bei Ihnen. Dies ist die herrschende Religion heute.

Die Besitzenden, die Seelenlosen gehen über Leichen. Sie interessiert es nicht, ob Menschen auf der Strecke bleiben oder krank werden. Es geht ihnen alleine um den Profit und die Gewinnmaximierung.

Ich warne und schreibe seit Jahren über diese Themen, doch man möchte es nicht hören. Da die Seelenlosen und ihre gehorsamen Schafe in der Mehrheit sind. Die Masse der Menschen liebt ihre Peiniger, sie lieben die Obrigkeiten, weil sie beide Teil des Bösen sind. Sie sind in einer tiefen Bindung zueinander. Sie gehören zu der Familie der Seelenlosen. Sie haben ihre Seele verkauft und leben auf der niedrigsten Bewusstseinsebene.

„Ja, darum liebe ich die Tiere so sehr. Sie sind frei von Verrat! Wenn du sie gut behandelst, werden sie dich nie enttäuschen. Sie sind noch göttlicher Natur. Die Menschen, viele eben, haben keine Verbindung mehr zu Gott, zu sich selbst. Sie sind Werkzeuge des Antischöpfers."

Geistheiler Sananda

„Man bekommt Sehnsucht nach Ruhe, nur Ruhe. Auf eine Welt ohne bösartige Menschen, die nur Neid und Missgunst kennen, nur darauf aus sind, anderen zu schaden, und nur nach sich zu schauen."

Geistheiler Sananda

„Ja, so schaut es aus mein Freund, meine Freundin. Die Welt ist in der Hand des Bösen, das ist ein Fakt! Alle, ich betone alle wichtigen Positionen in der Wirtschaft, in der Industrie, bei den Banken, bei den Verwaltungen, den Gerichten, bei Hilfsorganisationen, bei den Kirchen und Religionen, bei den Gewerkschaften, bei Funk und Fernsehen, bei der Presse, beim Fußballbund, einfach überall eben, sind von Freimaurern besetzt."

Geistheiler Sananda

„Es geht um Energie. Diese kalte Rasse, und die niederen Bewusstseine, sie können nicht mit lichtvollen Menschen. Wir sind Feinde für sie. Wir repräsentieren das, was sie hassen, es aber gerne wären. Licht! Sie hassen alles Göttliche, darum töten und fressen sie auch die Tiere. Sie haben kein Mitgefühl und keine Liebe in sich, darum bringen sie es auch fertig, was sie derzeit mit der Menschheit anstellen."

Geistheiler Sananda

„Auf einmal waren die Menschen eingesperrt, zuhause eingesperrt. Milliarden. Ehrlich gesagt, das hätte ich nicht gedacht, dass es so einfach und problemlos gehen würde, so viele Menschen einfach so einzusperren."

Geistheiler Sananda

„Heute wie damals fürchten sich die Menschen und können der Tatsache nicht ins Auge sehen, daß eine alte Welt gerade verschwindet und eine Neue im Kommen begriffen ist. Sie werden äußerst ängstlich, und in ihrer Panik halten sich alle um so fester an altmodische politische Vorstellungen und Methoden und scheinen es vorzuziehen, lieber unterzugehen, als der Ungewißheit einfallsreich und mutig entgegenzutreten. Sie versuchen verzweifelt, den Status quo aufrechtzuerhalten, um ein wenig das Gefühle der Stabilität zu bewahren und in der Zwischenzeit beschwichtigen sie ihre Angst durch immer größeren materiellen Konsum."

Erich Fromm

„Sind wir alle gestört oder warum entwickelt sich unsere Gesellschaft zunehmend zu einer fast schon krankhaften Normopathie? Die narzisstische Normopathie ist der Drang zur Anpassung, dazu, überkorrekt und überkonform zu sein. Das Problem dabei ist die Entfremdung vom echten Leben."

Hans Joachim Maaz

„Ich bezeichne eine gesellschaftliche Fehlentwicklung als Normopathie. Das Falsche, der Irrtum, wird nicht mehr erkannt, weil die Mehrheit einer Meinung ist und danach handelt. Alle Mitläufer können schuldfrei denken und sagen, was alle machen, kann ja nicht falsch sein. Und als Mainstream ist die versammelte Kraft zu verstehen, dazugehören zu wollen, nicht die Last eines Außenseiters tragen zu müssen oder offen bekämpft und diffamiert zu werden."

Hans Joachim Maaz

„Ich fürchte, unsere Kultur engt uns von Anfang an ein und treibt uns weg von dem, was wir sein könnten."

Arno Gruen

„Denn unsere westliche, wirtschaftsliberale Gesellschaft verherrlicht den Verstand und macht ihn zum Problem, indem sie von Geburt an unser Gefühlsleben verkümmern lässt."

Arno Gruen

„Alles wird zum Ausdruck eines Überlebenskampfes, dessen Ziel es ist, nicht abgewertet zu werden und vor allem nicht zu versagen. Leben als Ausdruck von Liebe, von empathischen Wahrnehmungen und menschlichem Mitgefühl, geht verloren."

Arno Gruen

„Das Festklammern an der Autorität wird dann zu einem Lebensgrundsatz. Obwohl man die Autorität hasst, identifiziert man sich doch mit ihr. Man kann gar nicht anders. Die Unterdrückung des Eigenen löst Hass und Aggressionen aus, die sich aber nicht gegen den Unterdrücker richten dürfen, sondern an andere Opfer weitergegeben werden."

Arno Gruen

„Der Mensch ist nicht nur wenig, er ist nichts, weil er beherrscht wird von den Dingen und Umständen, die er selbst geschaffen hat. Das Werk seiner Hände beherrscht den modernen Menschen. Er selbst wird zum Ding. Er ist nichts, doch fühlt er sich groß, wenn er sich mit dem Staat, der Produktion, der Firma eins fühlt. Er ist nichts, doch er glaubt, alles zu sein."

Erich Fromm

„Die moderne Industrie und die Wirtschaft haben sich faktisch so entwickelt, daß sie als Erfordernis zu ihrem Funktionieren den Menschen brauchen, der zum Verbraucher wird, der möglichst wenig Individualität besitzt und der bereit ist, einer anonymen Autorität zu gehorchen, wobei er der Illusion erliegt, frei zu sein und keiner Autorität zu unterliegen."

Erich Fromm

Der moderne Mensch sucht sozusagen bei der großen Mutter des Betriebs oder des Staats Zuflucht und wird zum ewigen Säugling, der doch nie zufrieden sein kann, weil er seine Möglichkeiten als Mensch nicht entwickelt hat."

Erich Fromm

„Der Wahrheit ins Auge zu blicken, fällt uns schwer. Wir sind gefangen in der Angst, zu sehen, was wirklich ist. Um dies zu erkennen, brauchen wir eine ganz andere Art von Psychopathologie als die heute übliche. Wir stufen diejenigen Menschen als normal ein, die sich der allgemeinen Verleugnung anpassen und so in unserer Kultur erfolgreich operieren."

Arno Gruen

„Verleugnen heißt, dem Anderen nicht beizustehen, sondern ihn als Fremden, als Konkurrenten zu begreifen. Verleugnen, heißt auch wegschauen, was um uns herum, im Kleinen wie im Großen passiert. Es gibt in unserer Gesellschaft einen Erfolgs und Karrieregehorsam, der bildhaft gesprochen über Leichen geht. Eine solche Haltung zum eigenen wie zum Leben der Anderen ist nicht akzeptabel."

Arno Gruen

„Jede Gesellschaft als solche ist Normal. Seelisch krank ist, wer von dem von der Gesellschaft favorisierten Persönlichkeitstyp abweicht. Das Gesundheitswesen im Bereich von Psychiatrie und Psychotherapie verfolgt das Ziel, den einzelnen auf das Niveau des Durchschnittsmenschen zu bringen, unabhängig davon, ob dieser blind ist oder nicht blind. Es zählt nur, daß der einzelne angepaßt ist und daß er das gesellschaftliche Gefüge nicht stört."

Erich Fromm

„Wir haben zwar eine Wissenschaft geschaffen die in einem ungeahnten Ausmaß gegen die Natur vorgegangen ist und sie besiegt hat. Gleichzeitig sind wir, die stolzen Menschen, die auszogen, die Natur zu beherrschen, zu Sklaven eben jener wirtschaftlichen Maschinerie geworden sind, die wir in diesem Naturbeherrschungsprozeß geschaffen haben. Wir beherrschen die Natur, aber unsere Maschinen beherrschen uns."

Erich Fromm

„Der Durchschnittsmensch sieht im Wissenschaftler den Priester, der auf alles eine Antwort weiß."

Erich Fromm

„Es läßt sich beobachten, daß selbst die übelsten Ideale der Welt auch heute vom Massenmensch vertreten werden."

Erich Fromm

„Weil in dieser Welt, die von den dunklen, bösartigen Wesen regiert, beherrscht wird, werden lichtvolle Menschen gejagt, bekämpft, drangsaliert, verfolgt und verhöhnt, gedemütigt und entwürdigt. Und zwar ein Leben lang."

Geistheiler Sananda

„Wie soll man dieses Elend hier auf der Welt denn als fühlender, liebender Mensch ertragen? Sag du es mir. Wie soll man das noch länger mitansehen, wie sie die Menschen spalten, gegeneinander aufhetzen? Überall diese Kälte, diese Distanzen, Trennlinien. Was will ich in dieser Gesellschaft noch? Inmitten unter Dummen, Idioten, Unterentwickelten, Bösartigen, Respektlosen, Systemdienern? Was willst du mit denen noch? Dieser Markt ist gelaufen, diese Zeiten sind vorbei, in denen alle vereint waren. Die Wege trennen sich nun. Und zwar endgültig."

Geistheiler Sananda

„Der Großteil der Menschheit ist nun schon seelenlos. Und, der Großteil der Menschen ist verloren. Das gilt es zu verstehen. Darum können die Herrscher der Dunkelheit das alles ja tun, was sie tun. Weil diese dumme verlorene Schafsherde alles macht, was die ihnen befehlen, alles. Und wir anderen müssen dabei zusehen."

Geistheiler Sananda

„Wie soll man das Leid der Tiere noch ertragen? Ich kann es nicht mehr. Ich kann und darf nicht daran denken, wie mit ihnen umgegangen wird. Wie sie leben müssen, in Boxen, angebunden, in Käfigen. Oder, wie sie im Wald ständig auf der Flucht ihr Leben verbringen müssen und jeden Tag schauen müssen, wo sie was zum Essen herbekommen. Der Mensch ist das größte Raubtier überhaupt."

Geistheiler Sananda

„Mein Problem ist, da ich ein Empath bin, dass ich das Leid anderer, vor allem der Tiere, sofort am eigenen Körper spüre. Ich muss dann spontan weinen, und halte es fast nicht aus. Es ist mir immer noch schleierhaft, wie Menschen so hart und gefühllos sein können. Die Seelenlosen haben keine Gefühle, kein Mitgefühl, keine Liebe in sich. Sie verstehen Menschen wie mich nicht. Im Gegenteil, sie lachen und verhöhnen so Menschen wie mich. Die Tiere sind so liebe Individuen, einfach eigene Lebewesen, eigene Geistwesen, die hier auch inkarniert sind, um den Menschen zu helfen, beim Erwachen. Sie opfern sich alle auf, alle. Für die Menschen, die ihre Liebe verschmähen, sie stattdessen aussaugen und dann fressen."

Geistheiler Sananda

„Die Tiere sind von der Geburt bis zum Tod im Käfig, und von kalten Automaten und Robotern ausgesaugt und gefüttert, und getötet. Was ist das für eine Gesellschaft, die so etwas zulässt? Warum wundern sich die Menschen denn nun, wenn ihnen bald das gleiche wiederfahren wird? Und ja, es wird so kommen. Die Menschen werden das zurückbekommen, was sie den Tieren angetan haben! Tiere sind Lebewesen, und wollen genauso leben wie du. Die Tiere verstehen jedes Wort von uns. Wir müssen sie nicht mit Kommandos erziehen. Es braucht nur Liebe, einfach nur Liebe."

Geistheiler Sananda

„Wir werden immer leiden, da wir Mitgefühl und Liebe in uns tragen. Es wäre abnormal, wenn uns alles hier auf der Erde, was an Üblem geschieht, nichts ausmachen würde. Wenn ich sehe, dass ein Tier leiden muss, oder gequält wird, gar getötet wird, dann muss ich meist weinen, ich kann es nicht stoppen. Die Menschen aber kümmern sich nicht um die Tiere. Sie wollen nur Profit aus ihnen schlagen. Es geht nur darum, aus den Tieren Profit zu schlagen. Sie alle beuten die Tiere nur aus, sehen nur das Geld, das sie durch sie machen können. Das ist widerlich und schäbig. Sie alle werden ihre Strafe dafür eines Tages bekommen."

Geistheiler Sananda

„Heutzutage ist aus Yoga etwas geworden, was vermarktet wird wie alles andere. Überall auf der Welt gibt es Yoga Lehrer. Und sie machen Geld, wie üblich. Doch früher, so wurde mir von Leuten gesagt, die sehr viel über diese Dinge wissen, wurden nur sehr wenige auserwählte Menschen in Yoga unterrichtet. Heutzutage ist Yoga sehr oberflächlich und mittelmäßig geworden und zu einer Einnahmequelle geworden. Die höchste Form des Yoga sollte nicht den oberflächlich Interessierten gelehrt werden.“

Jiddu Krishnamurti

„Es zeugt nicht von geistiger Gesundheit, an eine von Grund auf kranke Gesellschaft gut angepasst zu sein.“

Jiddu Krishnamurti

„Bei den meisten Menschen ist der Geist gespalten, fragmentarisch, und alles Fragmentarische ist korrupt.“

Jiddu Krishnamurti

„Wahrhaft große Leute müssen in dieser Welt immer eine große Traurigkeit empfinden.“

Fjodor Dostojewski

Notizen

Notizen